나는 부동산 투자로
경제적 자유인이 되었다

이 책을 소중한

_____ 님에게 선물합니다.

_____ 드림

| 월급 150만 원으로 7채 집주인이 된 투자 비법 |

나는 부동산 투자로 경제적 자유인이 되었다

김은화 지음 · 김도사 기획

위닝북스

부동산 투자로 미래를 바꿔라!

현실에 만족하면서 살고 있는 사람이 얼마나 될까? 대부분의 사람들은 만족하지 않지만 주어진 삶을 살아간다. 그러다 어느 순간, 이런 생각을 한다.

'이때까지 내가 뭘 하고 살았지? 열심히 산다고 살았는데, 가진 돈은 늘 부족해!'

사람은 살아가면서 자신을 되돌아보는 계기를 한번쯤은 갖는다. 그때 비로소 자신의 모습을 노골적으로 보게 된다. 그동안 착각 속에 살았다는 생각은 회의감으로 이어져 결국 미래에 대한 불안감마저 들게 한다.

대부분의 사람들은 돈을 모으는 데만 집중한다. 그래서 저축이 제일 안전하다고 믿고 있다. 어떻게 보면 돈을 벌 수 있는 방법을 모르기 때문에 가장 쉽게 할 수 있는 행동일 것이다. 나 역시 부자가 되고 싶었지만 마흔두 살이 되기 전까지 어떻게 해야 돈을 많이 벌 수 있는지를 몰랐다. 오로지 은행에 적금을 하는 게 전부인 줄 알고 살았다.

나는 어린 시절부터 가난하게 살았고 어른이 되어서도 늘 생활고에 시달렸기 때문에 돈에 대한 집착이 있었다. 그렇지만 정작 돈을 많이 버는 방법을 몰랐다. 그러던 중, 어렵게 마련한 보증금 2,000만 원으로 내 집 마련을 하면서 인생이 바뀌기 시작했다. 부동산 투자를 알게 된 것이다. 돈이 없어도 부자가 될 수 있는 방법이 있다는 것에 감탄을 했다. 내 인생 마흔이 넘어서 진정 제2의 삶이 시작되었다.

돈 없는 사람이 가장 빨리 부자가 되는 길은 부동산 투자밖에 없다. 지식을 쌓아서 투자를 하겠다며 몇 년 동안 부동산 공부에 매달리지만 정작 아무 소용이 없다. 이론공부도 중요하다. 하지만 투자에 손도 대지 않고 지식만 쌓아놓으면, 부자와는 거리가 더 멀어진다. 이론공부와 실전 투자를 나누어서 생각하면 절대 돈을 벌지 못한다는 사실을 알아야 한다. 직접 투자를 하면서 이론적인 지식과 현장 경험이 병행되어야 빨리 투자에 성공한다. 내가 운영하고 있는 〈한국부동산투자코칭협회〉에서는 이론과 실전 투자를 병행하기 때문에, 단기간에 부동산 주인의 삶을 살게 된다. 워킹맘을 포함한 많은 직장인들은 희망적인 미래를 선물 받고 있다. 돈이 없다고 신세한탄만 하지 말고 큰돈을 벌 수 있는 방법을 찾자!

많은 사람들은 각종 할부금, 신용카드 대금, 대출금 등으로 미래의 수입을 당겨서 쓰고 있다. 그래서 한 달이라도 수입이 펑크가 나면, 생활에 엄청난 타격이 온다. 직장생활, 자영업을 하면서 부가적인 수입을 창출하지 않는다면, 미래는 재앙으로 다가올 것이다. 누구나 평생직장을 가질 수 없다. 나이가 들기도 전에 은퇴나 퇴직을 하게 되는 것이 현실이기 때문이다.

월급에 의존하지 말고 저절로 돈이 들어오는 시스템을 구축해야 한다. 어떻게 해야 돈의 노예에서 벗어날 수 있을지 고민하고 방법을 찾아야 한다. 월급으로는 소득이 늘어나는 속도와 한계가 분명히 있기 때문이다. 나는 돈을 벌고 싶어서 끊임없이 고민하고 방법을 찾아 행동했다. 그렇게 빠른 실행력으로 투자 기회를 놓치지 않았던 덕에 지금의 위치까지 오게 되었다.

투자는 하고 싶은데 돈이 없어서 못한다는 사람들이 많다. 그러면서 비싼 자동차와 명품 가방을 할부로 사고 해외여행도 잘 다닌다. 이는 잠깐의 쾌락을 위해서 자신의 미래를 흐트러뜨리는 행동이다. 자신의 행동이 나중에 어떠한 영향을 미칠 줄 모르고 현실에 안주하며 살아가는 것이다. 그렇게 머지않아 사람들은 후회한다. 자신에게 어려움과 시련이 닥쳐오면 그제야 움직인다. 하지만 이미 물은 엎질러진 상태다.

평범히게 살고 있는 지금이 부동산 투자하기에 저기다. 조금이라도 덜 힘들 때 부동산 투자를 해야 한다. 미리 준비하면 그만큼 삶이 나아진다는 것을 명심하자. 자본주의 사회에서 돈 없는 노후는 축복이 아닌 재앙이다. 노후를 보내는 세월이 많이 길어졌다. 당신이 지금 어떤 선택을 하느냐에 따라 당신의 인생이 바뀐다. 인생은 스스로 만들어 가는 것이다. 부자는 스스로 만들 수 있다.

이 책이 당신에게 더 나은 삶을 살아가는 데 등불 같은 역할을 할 거라 믿는다. 명확한 목표를 가지고 노력하는 사람들에게는 반드시 부의 기회가 주어질 것이다. 이 책을 읽는 모든 독자들이 꿈과 희망을 이루는 행복한 부자가 되길 바란다.

마지막으로 세 번째 저서를 집필할 수 있도록 아낌없는 조언과 격려를 해 주신 〈한국책쓰기1인창업코칭협회〉의 김태광 대표 코치님과 〈위닝북스〉의 권동희 대표님께 진심으로 감사함을 전한다. 그리고 자식들을 위해 항상 기도해 주시는 어머니에게 감사드리며, 남편과 딸 수빈이에게도 사랑한다는 말을 전한다. 또한 언제, 어디서든 함께하며 축복 주시는 하나님께 영광을 돌린다.

2019년 5월
김은화

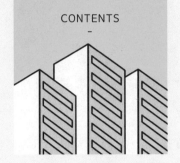

CONTENTS
-

PART 5

부동산 공부,
일찍 시작할수록 유리하다

PART 1

처음 부동산 공부에 뛰어들다

처음 부동산 공부에
뛰어들다

쉽사리 빠져나올 수 없는 가난의 늪

한때 나는 '삶은 살수록 왜 이렇게 힘이 들까?'라는 생각을 한
적이 있었다. 어릴 때는 '살다 보면 괜찮아지겠지, 열심히 살아가
면 점점 더 나아질 거야!'라는 막연한 생각으로 하루하루를 보냈
다. 그렇게 나는 나이 마흔 살을 넘겨서야 사는 대로 살면 내 인생
은 아무것도 달라지지 않는다는 것을 깨닫게 되었다.

어린 시절부터 우리 집은 가난했다. 그래서 나는 하고 싶은 것,
갖고 싶은 것을 마음 놓고 부모님께 말하지 못했다. 내가 할 수 있
는 것은 단지 마음속으로 '어른이 되면 열심히 돈을 벌어서 내가
갖고 싶은 것 다 가지면서 살아야지!'라며 다짐하는 것이었다.

그러나 가난한 환경은 내가 어른이 되어서도 쉽사리 바뀌지 않

왔다. 흙수저에서 금수저로 신분 상승하기에는 나는 너무 나약하고 힘이 없었다. 하루하루 생활하기에도 빠듯했다. "돈이 돈을 번다."는 말을 살면서 뼈저리게 느꼈다. 무엇을 시작하려고 해도 돈이 있어야 할 수 있었다. 돈이 없는 나는 그저 월급에 의지해야 했다. 나는 소박한 생활을 영위할 수밖에 없는 상황이 너무 싫었다. 언젠가는 나도 당당히 부자가 되고 싶었다. 그러한 소망은 항상 마음 한 편에 자리 잡고 있었다.

내 소망과 무색하게 상황은 더욱 안 좋아졌다. 남편 빚보증으로 인해 통장 잔액이 달랑 200만 원 남게 된 것이다. 결국 우리 세 식구는 살던 집에서 나와 원룸으로 이사하게 되었다. 비참한 생활이 계속되자 나는 우울증에 시달리기도 했다. 하지만 내가 정신을 바짝 차리지 않으면 우리 가정은 한순간에 무너지기 일보 직전이었다. 매일이 나와의 싸움이었다. '그만 끝내 버릴까? 정말 살기 싫다.' 이런 생각이 들었다가 어렵게 낳은 아이의 얼굴을 보면 '아니야! 지금이라도 정신 바짝 차리고 시작하면 잘될 거야, 어차피 사람은 한번 사는데 조금 더 살아보자!'라는 생각으로 마음을 다잡았다.

아이가 초등학교 5학년이 된 무렵이었다. 아이는 부쩍 집에 대한 불만사항을 말했다.

"엄마, 우린 언제 아파트로 이사 갈 수 있어? 나도 아파트에서 살고 싶어!"

이렇게 말하는 딸아이의 얼굴을 보는 순간, 마음이 너무 아팠다. 그때부터 아이는 친구네 집에 놀러 갔다 오면 우리 집과 비교를 하기 시작했다. 딸아이는 친구를 집으로 초대해 같이 놀고 싶어했다. 하지만 집이 좁다 보니 데려올 수 없었다. 가끔 절친인 효민이를 데리고 오긴 했지만 잠깐 집에 들르는 정도였다. 그 당시 우리가 살고 있던 빌라는 거실도 없는 투룸이라 많이 불편했다. 더군다나 1층이어서 여름에도 창문을 제대로 열 수 없는 환경이었다.

한번은 밤에 너무 더워 창문을 열고 딸아이랑 TV를 보고 있었다. 그러던 어느 순간, 낯선 남자랑 눈이 마주쳤다. 나는 너무 놀라서 온몸이 얼어붙는 것 같았다. 그 낯선 남자는 바로 도둑이었다. 집들이 다닥다닥 붙어 있는 빌라촌에는 도둑들이 비일비재하게 출몰했다. 그 사건이 있은 후에는 창문을 열 수 없었다. 집에는 에어컨도 없던 터라 아이는 더위에 지쳐 있었다. 그 모습을 보자 부모가 가난해 아이를 고생시키는 것 같아 마음이 너무 아팠다. 그래서 우린 어쩔 수 없이 벽걸이 에어컨을 할부로 구입해 여름을 보냈다.

근본적인 문제에 대한 해결법을 찾다

당시 나는 돈이 모일 때마다 집주인에게 보증금을 올리되 월세를 내리는 방식으로 재계약하기를 부탁했다. 다행히 집주인이 배려를 해주어서 월세를 줄여나갈 수 있었다. 나는 은행에 적금을 드는 대신에 보증금을 올리는 방법으로 대체했다. 당시에는 이상하게도 은행에 돈을 넣어두면 자꾸 쓸 일이 생겼다. 그래서 나는 마음대로 꺼내 쓸 수 없도록 보증금으로 돈을 묶어놓고 대신 월세를 낮추는 방법을 택한 것이다.

또한 월세를 낮추자 은행이자를 받았을 때보다 경제적으로도 훨씬 이익이었다. 그렇게 절약하고, 돈을 묶어둔 덕에 보증금 2,000만 원을 모을 수 있었다. 그 당시 나는 종잣돈 2,000만 원이 만들어지면 이사를 가야겠다고 결심한 터였다. 점점 크는 아이에게 정서적으로 안정적인 공간을 마련해 주고 싶었기 때문이다. 그렇게 나는 '이 돈으로 아파트에 이사 갈 방법이 없을까?' 하는 생각에 여러 방법을 찾아보기 시작했다.

먼저, 나는 부동산을 찾아갔다. 부동산 소장에게 지금 가진 돈으로 아파트 월세로 이사 갈 수 있는지 알아봐달라고 요청했다. 그러자 소장님은 흔쾌히 가능하다면서 알아봐주겠다고 했다. 그렇게 시간이 흘러 우리의 형편에 맞는 곳을 찾았고, 우리 식구는 월세로 아파트에 살게 되었다.

아파트에서 생활한 지 1년이 지나 2년 차가 되자 나는 보증금과 월세 걱정을 하게 되었다. 집주인이 세를 올릴까 봐 미리 겁을

먹기도 했다. 당시 우리 식구는 평소 월급으로 생활을 유지하기에
도 바빠 모아 놓은 돈이 거의 없는 상태였다. 매달 마이너스로 살
지 않으면 다행이었다. 워낙 없는 상태에서 시작을 했고 남편은
신용불량자인 신분으로 제대로 된 직장을 구하지 못했다. 그래서
맞벌이를 해도 고정적인 수입이 없어 항상 돈이 부족했다. 이러한
상황인지라 나는 단기간에 목돈을 마련하기가 힘들다는 것을 잘
알고 있었다.

　하지만 처음 아파트로 이사했을 때 딸아이의 행복해하던 표정
이 계속 떠올랐다. 아이를 생각해서라도 다시 이전처럼 빌라촌에
들어가고 싶지 않았다. 더 이상 못난 엄마의 모습을 보여 주기 싫
었다. 그래서 나는 아파트를 벗어나지 않기 위해 이리저리 궁리를
했다.

　이사를 다니게 되다보면 경비도 만만치 않다. 조금이라도 더
모아야 하는 상황에 이사비용, 부동산 복비 등으로 쓸데없는 비용
을 치르게 된다. 나는 '내 집을 가지면 이사 걱정을 하지 않아도
된다'는 생각과 함께 '보증금 2,000만 원으로 가능할까?'라는 의
문이 들었다. 그래도 '밑져야 본전'이라는 생각으로 부동산에 찾
아 갔다. 그리고 부동산 중개인에게 내 사정을 설명하고 집 매매
가 가능한지 물어보았다.

　"네, 가능합니다. 요즘 집값이 많이 떨어졌고 매매가 잘되지 않

아 가능해요."

"대출은 문제없나요?"

"집 담보로 받으시면 됩니다. 집 알아봐드릴까요?"

"제가 돈이 부족하니 최대한으로 싸게 내놓은 집으로 찾아봐 주세요."

그렇게 해서 나는 부동산 소유권을 가지게 되었다. 더 이상 집주인 눈치를 보지 않고 한집에 터를 잡고 살고 싶은 만큼 살 수 있게 되었다.

집을 사고 3년쯤 흘렀을 때였다. 조금씩 오르던 집값이 내가 투자했던 돈의 5배 이상 올랐다. 이전까지는 집값에 대해 일절 관심이 없었지만 내 집이 생기기 시작하면서 자연히 관심이 생겼다. 그동안 뼈 빠지게 돈을 벌어서 생활을 유지하다 보니 적금 하나도 제대로 들기 힘들었다. 하지만 집값 상승은 달랐다. 내가 아무것도 하지 않아도 경제흐름에 따라 단기간에 돈이 불어났다. 부동산은 신선한 충격이었다.

내가 변해야 인생이 바뀐다

나는 서점에서 부동산 서적을 구입해서 원하는 정보를 얻었다. 밤을 새도록 책을 읽고 또 읽어도 너무 재미있었고 흥분이 되었다. 그리고 내 인생을 바꿀 수 있는 기회가 지금이라는 생각이 들었다. 그때부터 나는 책을 통해 부동산과 투자에 대한 지식을 쌓으며 실전 투자를 해야겠다는 확신이 들었다.

   나는 힘들고 어렵더라도 스스로 믿고 행동하려는 의지가 강했다. 현실이 힘들수록 내가 변해야 이 상황에서 벗어날 수 있다고 생각했다. 그렇게 부동산 투자는 내 나이 마흔 두 살에 새로운 희망과 도전으로 다가왔다.

부동산은 투자다 VS 부동산은 투기다

미래의 가치를 보고 투자하라

보통 부동산으로 돈을 많이 벌었다고 하면 투기라고 생각하는 사람들이 많다. 어떻게 돈을 벌었는지에 대한 관심은 갖지 않은 채 비난하기도 한다. 대부분의 사람들은 내가 갖지 못한 것을 상대방이 가지고 있으면 시선이 곱지 않다. 나도 예전에 그렇게 살았다. 불평불만이 많아지고 무슨 일을 해도 힘들었다. 사는 게 즐겁지 않고 재미가 없었다. 지금에 와서 생각해 보면 이 모든 것은 돈에서 비롯되었던 것 같다.

우리나라 사람들은 부동산에 대한 애착이 매우 강하다. 부모님 세대에는 결혼을 하면 허리띠를 졸라매고 아끼고 아껴서 내 집 마련을 했다. 그러한 사실은 지금도 변함이 없다. 우리나라는 국토가 비교적 좁고 국토의 70%가 산지인 나라다. 때문에 교통망이 확충되고, 주거, 관광 등 개발이 이루어지면 이동인구가 증가한다. 이에 개발되거나 개발예정지역으로 선정되면 해당지역의 수요가 늘어나면서 지가는 상승하게 된다.

현 정부가 들어서면서 집값이 급등했다. 그러자 정부는 2017년 8·2 대책에 이어 2018년 9·13 대책을 내놓았다. 하지만 크게 반응이 없자 각종 규제 정책을 쏟아내기 시작했다. 지금은 부동산 규제가 너무 많다 보니 혼선이 생기는 사례도 등장했다. 가령 아파트 청약에 당첨됐지만 취소가 되는 사례가 속출했다. 청약통장 사용기회 소진, 프리미엄 가치 상실, 금전적인 손실까지 보는 상황도 발생했다. 수시로 바뀌는 규제로 인해 행정이 따라가지 못하는 것이다. 따라서 지금은 여러 규제로 인해 많은 사람들이 부동산에 대해 제대로 알지 못하는 실정이다.

부동산을 통해서 시세 차익을 얻었다고 모두 투기꾼이라고 단정하면 안 된다. 어떻게 해서 시세 차익을 얻었는지가 중요하다.

내가 아는 지인 강수영 씨는 대구에서 아파트를 분양받았다. 거기서 2년을 살다가 아파트값이 상승하자 아파트를 팔고 조금 더 넓은 평수로 이사를 갔다. 강수영 씨는 상승한 아파트 매매금과 대출금을 보태어 이사를 하면서 자산을 조금씩 늘려 갔다. 그렇게 몇 번의 이사를 통해 상당한 자산을 모을 수 있었다. 보통 사람들의 월급으로는 절대 모을 수 없는 돈을 번 것이다. 남들이 대출을 싫어하고 겁을 낼 때, 강수영 씨는 위험을 감수하고 과감하게 행동으로 옮겼다. 나는 이처럼 법을 지키며 정당하게 하는 행위는 시장경제 원리에 부합한다고 생각한다.

남이 돈을 벌면 배 아파하지 말고 나는 그런 상황에 놓일 때 어떤 선택을 할 수 있는지 한 번쯤 생각해 봐야 한다. 그럼 무엇이 잘못된 것인지 알 수 있을 것이다. 예전에 나도 누가 돈을 많이 벌었다고 하면, '무슨 나쁜 짓으로 돈을 벌었겠지!', '원래 집안에 돈이 많아서 그 돈으로 벌었겠지!'라고 생각했다. 하지만 부동산 투자를 하면서 생각이 많이 바뀌게 되었다. 투자란 합리적인 운용을 통해 정당한 투자수익성을 얻고, 미래의 가치를 보고 그 매물에 대해 이용과 관리를 하는 것이다.

투기가 아닌 제대로 된 투자를 파악하라

'떴다방'이란 말을 한 번쯤 들어 봤을 것이다. 이동 중개업자들을 의미하는 떴다방은 당첨된 청약통장을 사들여 높은 가격으로 되파는 수법을 쓴다. 요즘에는 양도차익만을 위해 전매제한이 있어도 불법적인 떴다방을 통해 당첨통장을 거래하기도 한다. 정부에서는 이런 투기 세력을 차단하기 위해 여러 가지 규제 방안을 내놓기도 했다.

얼마 전에 나는 아파트 분양사무소에 들렀다. 요즘은 구축 아파트가 아닌 신축 아파트에 관심들이 많은 추세라 신규분양에 사람들의 관심이 뜨거웠다. 특히, 실수요자보다 투자 목적으로 온 많은 사람들로 붐볐다. 청약통장이 있어서 접수를 하고 나오는데 양쪽에서 떴다방 중개인들이 다가왔다. 그러곤 만약 아파트에 당첨되면 꼭 자신에게 연락을 달라면서 명함을 건네주었다.

"여기 전매제한이 1년이 걸려 있는데, 괜찮아요?"

"그런 건 걱정하지 말고 당첨만 되세요. 다 알아서 해 드릴게."

이러한 상황은 분양사무소 근처에서 비일비재하게 일어난다. 정부에서 강력한 규제를 하는 실정이지만, 투기 세력들을 완전히 뿌리 뽑기에는 어려워 보인다.

투기는 대체적으로 단타이며 시세 차익을 보기 위한 도박 성향이 강하다. 또한 매물에 대해 관리할 의사가 없는, 그저 부동산 시장을 교란시키는 행위다. 투자는 단기적으로 시세 차익만을 노려 구매하는 것보다 중장기적인 관점으로 바라보고 하는 것이 바람직하다. 이는 건강한 시장을 위한 방법이기도 하다.

투자와 투기의 구분선은 그리 선명하지 않다. 그래서 보통 투기로 인해 단기 이득을 취하면 그로 인해 피해를 보는 사람들이 생긴다. 특히 부동산은 기대심리에 따라 움직이기 때문에 큰 수익을 낼 욕심으로 특별한 목표 없이 하는 행동은 투자보다 투기에 가깝다.

투자는 장기간에 걸쳐 하는 것이며 위험성이 없다. 반면, 투기는 단기간에 치고 빠지는 것이며 위험성이 있다. 보통 '내가 하면 투자, 남이 하면 투기'라는 생각을 가진 사람들이 많다. 그러나 이는 무작정 단정할 일이 아니다.

안목을 키우고 주관을 세워라

부동산 투자를 제대로 알면 절대로 투기가 아닌 투자를 하게 된다. 다른 사람이 돈을 잘 번다는 소리에 무작정 큰돈을 넣고 단기간에 오르기만을 기다리는 행동은 큰 피해를 야기한다. 먼저, 수요와 공급에 따라 움직이는 시장을 읽어 올바른 판단을 할 수 있는 안목을 길러야 한다. 그리고 그 안목으로 꾸준하게 임대 수익을 올릴 수 있는 투자를 해야 한다. 남이 찍어주는 물건으로 돈을 벌려는 생각은 아예 하지 않는 게 좋다. 우리가 부동산 투자를 하는 이유는 일시적으로 돈을 벌기 위해서가 아니다. 꾸준한 수익 창출을 통해 경제적으로 안정적인 미래를 보장받기 위해서다. 그러기 위해서는 단타로 움직여서는 안 된다. 스스로 물건을 보는 안목을 키우고 목표를 세워 부동산을 관리하며 안정적인 경제 활동을 해야 한다.

집이 없는 어떤 사람들은 "투기꾼들 때문에 집을 사지 못한다."고 이야기한다. 하지만 이들은 막상 집을 살 수 있는 여건이 되어도 사지 못한다. 왜 그럴까? 그 이유는 단순하다. '집 매매 후,

집값이 떨어질까 봐' 혹은 '지금보다 가격이 내려가면 사야지'라는 생각 때문이다. 다시 말해, 자신의 재산을 손해 보기 싫어 집을 사지 못하는 것이다.

다른 사람들의 말에 휘둘리지 말고 내 집 마련으로 제대로 된 투자부터 시작하자. 자신의 주관적인 생각으로 현실을 직시하고 행동하면, 이전과는 다른 삶이 펼쳐질 것이다.

좀 더 일찍 부동산 공부를 했더라면

돈이 가정의 행복을 좌우한다

"누구나 인생에 세 번의 기회가 온다."라는 말이 있다. 하지만 도대체 그 기회가 언제 오는지 누구도 알 수가 없다. 더군다나 미리 준비를 하지 않으면 그 기회를 놓쳐버리기 일쑤다. 많은 사람들이 부자로 살지 못하는 이유가 바로 여기에 있다.

사람들은 아무렇지도 않게 "몇 년 전에 부동산을 샀더라면, 지금쯤 편안하게 살았을 텐데…."라며 푸념 섞인 말을 하곤 한다. 이는 우리 주위에서 흔히 볼 수 있는 상황이다. 하지만 이런 사람들은 지금 좋은 물건이 있다고 해도 선뜻 살 수 있는 용기가 없다. 항상 자신이 살 때면 더 이상 부동산 투자로 돈을 벌 수 없다고 생각하기 때문이다. 그런 생각을 하는 이유는 바로 부동산에 대해 올바른 판단을 할 수 있는 안목이 없기 때문이다.

나는 마흔 살이 넘기까지 돈을 벌기 위해 여러 가지 일을 해왔다. 그러나 아무리 열심히 살아도 10년 전과 별반 차이가 없었다. 오히려 나이를 먹고 삶이 더 피곤해지기만 했다. 내 미래는 어두운 잿빛이었다. 나는 40대가 되면 경제적으로 안정적인 생활을 할 줄 알았다. 하지만 현실은 조금도 더 나아질 기미가 없었다. 아이가 커가면서 점점 돈 들어 갈 일이 많아졌다. 그러한 상황에서 나는 부자가 되어 돈 걱정 없이 살아갈 수 있는 방법을 찾아야 했다. 그렇게 돌고 돌아 찾은 방법이 부동산 투자였다.

뒤늦게 부동산 공부를 시작하면서 부자로 살아갈 수 있는 발판을 만들 수 있다는 확신이 들었다. 나는 미래가 어떻게 달라질지 모른다는 기대감과 설렘으로 신나게 부동산 공부를 했다. 한편 부동산을 알면 알수록 '왜 나는 진작 이런 부동산 투자를 몰랐을까?'라는 생각이 들면서 속상하기도 했다.

내 주위에는 나처럼 아주 평범한 생활을 하는 사람들로 가득했다. 때문에 부동산 투자는 내가 직접 찾아보고 움직이지 않는다면 도무지 알 수 없는 분야였다. 평소 나는 큰 액수로 부동산을 사고파는 걸로 알고 있었기 때문에 투자는 나와는 전혀 상관없는 세계라고 생각했다. 보통 사람들은 열심히 일해 월급을 받고, 그 돈을 아끼고 아껴서 적금과 저축을 하는 것으로 만족한다. 나 역시도 생활비를 아껴 빚이 생기지 않는 것만으로도 다행이라는 생각을 했고, 그게 살아가는 것이라고 여겼다. 그때 나는 주변의 생활 환경이 많이 중요하다는 것을 알았다.

사람들은 자신이 살고 있는 환경에서 벗어나기가 두려워 새로운 곳에 눈을 돌리지 않고 안주하며 살아간다. 그래서 우물 안 개구리처럼 살다가 나이가 들어 '난 뭐하고 살았나!'라는 생각과 함께 자신을 원망하게 되는 경우가 다반사다. 하지만 그때는 이미 늦었다. 돌이킬 수 없는 시간으로 와버린 사람들은 시간을 허무하게 버렸다는 생각에 허탈감을 느끼게 된다.

지금이 투자하기 가장 빠른 때다

요즘 젊은 사람들은 부동산에 대한 생각이 남다르다. 대학생들도 부동산에 대한 관심이 뜨겁다. 초등학생들도 "나는 건물주가 될 거야!"라고 말한다. 아직 어리지만 돈이 있어야 자신이 갖고 싶은 것을 가지고 하고 싶은 것들도 할 수 있다는 것을 너무나도 잘 안다. 현대사회는 웬만한 것은 다 돈으로 해결되기 때문에 돈에 대한 사람들의 집착은 더 강하다. 만약, 당장 몇 달 치의 월급이 나오지 않는다면 어떻게 될까? 매달 들어가는 공과금, 교육비, 보험료, 신용카드 대금, 할부금 등…. 이 모든 것을 감당할 수 없어 생활이 엉망진창이 될 것이다. 지금의 안정적인 삶을 유지하는 것도 경제적으로 구애를 받지 않아야 가능하다. 한마디로 돈이 가정을 해체시킬 수 있고 더 행복한 가정으로 만들 수도 있다. 돈이 전부가 아니라고 말은 하지만 자본주의 사회에서 돈이 없으면 할 수 있는 게 거의 없다.

대학생인 24세 박민수 씨는 부동산에 관심이 아주 많았다. 대학교를 졸업하고 직장생활을 하는 선배나 주변의 친구들은 하나같이 사는 게 너무 힘들어 보였다. 그의 지인들은 직장생활을 하지만 돈이 항상 부족했고 삶의 대부분을 회사에서 시간을 보내는 것이 싫다고 했다. 선배들이 "사는 게 재미없다"는 말을 입에 달고 사는 것을 보고 그는 은근히 걱정이 되었다. 자신도 졸업하면 직장생활을 해야 하는데, 현실은 취직도 쉽지 않아 보였다.

그래서 그는 다른 방법을 찾다가 재테크에 관심을 가지게 되었다. 서점에서 재테크 관련 책을 살피다가 내 책이 눈에 띄어 부동산에 대한 관심을 가지게 된 그는 나에게 컨설팅을 신청했다. 많은 사람들이 부동산에 대한 관심은 있지만 막상 투자를 하기까지는 쉽지 않다. 박민수 씨는 나이는 어리지만 부동산에 대한 생각과 자신의 삶에 대한 방향이 확고했다.

현재 그는 24세에 아파트를 낙찰받아 임대를 주고 세를 받고 있다. 소유권을 가진 집주인이 된 것이다. 지금은 두 번째 물건을 골라 낙찰받기 위해 준비하고 있다. 아직 또래 친구들은 술을 마시고 데이트를 즐기고 있다. 미래에 대한 생각보다 지금 당장의 쾌락을 위해 시간을 보내고 있는 친구들이 다반사지만 박민수 씨는 지금부터 준비하면 30대에는 엄청나게 달라질 것이다. 분명한 것은 삶의 질이 높아지고 자산이 늘어나는 속도가 빨라질 것이다.

부동산 공부를 일찍 시작하는 젊은 사람들을 보면 대견스럽고 기특하다. 젊은 나이에 부동산 공부와 투자를 한다면 시간과 돈, 두 마리 토끼를 다 잡게 된다. 현명한 생각과 판단은 미래의 삶을 풍요롭게 만든다.

확신을 가지고 적극적으로 행동하라

나는 마흔 두 살에 부동산 공부를 하고 부동산 투자를 시작했다. 젊은 사람들을 보면 '나도 저 나이에 부동산에 대해 공부를 했더라면' 하는 생각이 가끔 들 때가 있다.

젊은 시절의 나는 돈을 버느라 아이가 한창 재롱떨 때 같이 있어 주지 못했고, 여행 한 번 마음 놓고 가지 못했다. 30대에는 기억하고 싶은 추억거리가 거의 없다. 열심히 일만 한 기억밖에 없다. 그렇다고 해서 여유 있는 삶을 살았던 것도 아니다. 하루하루 버티는 삶이었다. 그래서 젊은 사람들이 보다 일찍 부동산 공부를 시작해서 부동산 투자를 하는 것을 보면 부럽다.

누군가가 부동산에 대한 조언을 해준다고 해도 정작 자신이 부동산에 대한 생각이 긍정적으로 바뀌지 않는다면 소용없다. 요즘은 부동산 투자를 하는 사람들의 연령대가 점점 낮아지는 추세다.

그만큼 부동산 알지 못하면 부자의 길에서 멀어진다. 자신이 부동산에 대한 확신과 믿음이 있다면 미루지 말고 적극적으로 공부를 하자. 그래서 제대로 알고 부동산 투자를 하길 바란다. 부동산 투자는 나이와 전혀 상관없다. 자신의 의지에 달려 있다. 항상 무슨 일을 시작할 때는 지금 이 순간이 가장 빠른 때라고 생각하고 행동하면 더 발전적인 삶으로 바뀔 것이다.

자산을 지키고 늘리는 데에는 부동산 공부밖에 없다

부동산 공부가 최우선이다

보통 사람들은 돈을 벌기 위해 아침 일찍 출근해서 늦은 밤까지 야근을 하며 직장생활을 한다. 그렇게 힘들게 일해도 돈을 모으기가 힘들다. 돈을 버는 속도보다 주머니에서 빠져나가는 속도가 더 빠르기 때문이다. 한 달 월급이 통장에 꽂히는 순간 순식간에 알람이 울리며 술술 빠져나간다. 이러한 상황에서 돈은 절대로 모이지 않는다. 당연히 자산도 늘어나지 않으며 그나마 가지고 있는 자산도 점점 줄어들게 된다. 이러한 현실을 벗어나기 위한 최선의 방책은 시선을 부동산으로 돌리는 것이다.

많은 사람들은 자신이 살고 있는 집을 투자의 대상으로 보지 않는 경우가 대부분이다. 집 한 채는 가족이 사는 목적으로 여기고 집값이 오르든지 말든지 별 신경을 안 쓴다. 그래서 전월세로 살면서 집주인에게 좋은 일을 시켜 주며 살아간다. 하지만 조금만 신경을 쓴다면 집 한 채를 가지고도 돈을 벌 수 있다.

내가 잘 아는 지인 박수정 씨는 5년 전에 대구 달서구에 있는 30평대 아파트를 3억 원에 샀다. 대출을 잘 활용해서 내 집 마련을 한 것이다. 지금은 시세가 6억 원이 넘는다. 박수정 씨는 여기에 만족하지 않고 아파트 시세 차익을 이용해서 소형 평수의 아파트를 매매해 자산을 늘려가는 방법을 선택했다. 그 결과, 5년이 지난 박수정 씨의 자산은 월급쟁이가 만질 수 없는 상당한 금액으로 불어 났다. 지인 박수정 씨는 부동산에 대해 잘 알고 있었기 때문에 과감하게 행동으로 옮길 수 있었다.

어떤 사람은 부동산에 대한 흐름을 제대로 알지 못해서 상황이 더 힘들어지기도 했다. 남이 하는 말만 듣다가 엄청난 손해를 본 것이다. 대구에 사는 성미연 씨는 비즈니스 사업을 하는 사람이다. 세미나에 참석을 했는데 강연가가 "우리나라도 일본처럼 부동산이 폭락해서 큰 손실을 보게 될 테니 집을 가진 사람들은 집을 팔아야 한다."고 말했다고 한다. 그 당시는 아파트 가격이 많이 올랐던 시점이었다. 성미연 씨는 잘 알지도 못하는 사람이 부동산에 대한 자신의 생각을 이야기한 것을 그대로 믿었다. 그래서 그녀는 남편을 설득시켜 아파트를 팔고 말았다. 누가 말릴 틈도 없이 모든 것이 일사천리로 진행되었다. 그리고 같은 단지에 있는 아파트에 전세로 들어갔다. 그 이후로 아파트 가격은 계속 상승해서 4억 원 가까이 올랐다. 지금 그녀는 전세 보증금도 올려주지 못할 정 도로 힘들어한다. 자신이 살고 싶은 아파트는 이전 가격으로 살 수 없게 되었다. 그래서 눈높이를 낮추고 전세금을 이용해서 소형 아파트를 사야 하지만 자신이 살고 있는 환경에서 내려가기 싫어 2년마다 옮겨 다니고 있다. 전세 보증금마저 대출을 받아 이삿짐 을 풀고 싸기를 반복하는 삶을 살고 있다. 성미연 씨의 이야기는 부 동산에 대한 공부를 하지 않고, 자신만의 주관이 없었기 때문에 발 생한 대표적인 사례다.

부동산 투자에 대한 편견을 버려라

우리는 살아가면서 일반적인 지식을 알아야 하지만 그보다 더 중요한 것은 나의 자산을 지키고 늘리는 공부를 해야 하는 것이 다. 돈은 우리에게 없어서는 안 될 존재다. 자본주의 사회에서 돈 을 많이 가지지 않은 사람들은 원하는 삶을 살아가지 못한다. 자 신의 모든 욕망을 내려놓고 아주 평범한 인생을 살아야 한다. 어 린 시절에는 꿈도 많고 야망도 컸지만 나이가 차츰 들어가면서 꿈 과 야망이 점점 작아지거나 사라지게 된다. 결국 자신의 뜻대로 삶을 살아가지 못한다. 이 모든 것이 돈에 대한 생각이 자리를 잡 기 시작하면서 이미 내가 어떻게 살아갈지를 판단하고 결정을 하 기 때문에 '나는 부자가 될 수 없어! 무슨 수로 많은 돈을 벌지?'

라며 미리 포기한다.

　중요한 것은 부자로 살 수 없다고 포기하는 것이 아니라 부동산에 대한 생각을 바꾸는 것이다. 부동산에 대한 고정관념과 편견을 버리자. 그리고 부동산으로 어떻게 돈을 벌 수 있을지에 대해 공부를 하자. 남들이 부동산에 투자를 해서 많은 돈을 벌고 건물주가 되었다는 소리에 배만 아파하지 말고 '지금 나는 무엇을 해야 할까?'라는 생각으로 어떤 행동을 해야 하는지를 살펴보고 실천하자.

　사람들은 공부를 열심히 해서 좋은 대학에 들어가 공무원이나 대기업에 취직하기를 원한다. 그래야 성공한 인생이라고 생각하고 행복해질 수 있다고 믿는다. 결국은 부자로 잘살고 싶어 교육을 받으며 살아가는 셈이다. 하지만 우리가 받는 교육은 결코 부자로 살기 위한 교육이 아니다. 직장생활은 여전히 힘들고 고되기 때문이다. 돈을 벌어도 돈 걱정에 시달리면서 가족을 부양해야 한다.

　이제는 많은 부자들이 어떻게 돈을 벌고 자산을 늘리면서 사는지에 대해 생각해 봐야 한다. 고위직, 사업가, 연예인, 전문직 등에 종사하는 사람들을 보면 힘들게 번 돈을 부동산에 투자해서 단기간에 자산을 늘린다. 부동산이 안정적이고 돈을 벌어다 주는 최고의 수단이라는 것을 너무나도 잘 알고 있는 것이다.

　반면, 왜 돈을 많이 가지지 않은 사람들은 변화를 두려워하면서 세월을 보내고 있을까? 보통 사람들은 돈을 벌 수 있다는 것에 초점을 맞추는 것이 아니라 돈을 잃을 수 있다는 것에 초점을 맞추다 보니 가난하게 살게 된다. 이러한 생각을 가지고 사는 사람들이 다반사이기 때문에 부자의 삶을 누리는 사람들이 소수인 것이다.

부동산은 평생을 함께 해야 할 동지다

책을 읽고 나를 찾아오는 사람들과 상담을 해보면 왜 진작 부동산 공부를 하지 않았는지 후회스럽다고 한다. 남들이 부동산 투자로 돈을 벌 때 대수롭지 않게 여기고 넘겼는데 5년이 지난 후에 보니 부동산 투자를 한 친구는 자산이 많이 늘어났지만, 오히려 자신은 빚이 생겼다면서 속상해하는 분들이 너무 많다. 그러면서 지금이라도 김은화 작가님 책을 보게 되어 다행이라며 좋아했다. 이런 부류의 사람들은 부동산에 대해 몰라서 손을 놓고 있었던 경우가 많다.

부동산 공부는 평생을 함께해야 할 동지라고 생각하면 좋다. 집은 우리가 죽을 때까지 사용해야 하는 필수품이다. 선택의 여지가 없다는 말이다. 아이가 자라 어른이 되어 가정을 꾸리게 되면 가장 먼저 준비하는 것이 집이다. 많은 사람들이 내 집 마련을 하기 위해 열심히 일을 한다. 사람들은 돈을 벌어서 행복을 누리면서 살아야 하지만 돈이란 족쇄에 묶여 집을 사기 위해 고군분투를 하고 있다. 집은 한 푼 두 푼으로 마련되는 것이 아니다. 갈수록 내 집 마련이 더 힘들어지고 어려워지고 있다. 이러한 상황에서 부동산 공부를 하지 않은 사람은 자산을 늘리기는커녕 내 집을 가지기도 힘들다.

사회생활을 하다 보면 돈이 얼마나 큰 존재인지를 알게 된다. 많은 사람들이 직장생활을 하는 것은 돈을 벌어서 경제적으로 풍요롭게 살기 위함이다. 하지만 직장생활을 아무리 뼈 빠지게 해도 부동산을 모르면 절대로 부자로 살지 못한다. 내가 돈을 버는 속도보다 부동산 값이 오르는 속도가 빠르기 때문이다. 5년 후 후회하는 삶을 살지 않으려면 부동산에 대한 관심을 가지고 자신이 할 수 있는 최선의 선택이 무엇인지 잘 생각해 봐야 한다.

돈 버는 공부는
부동산 공부가 최고다

자산이 풍족한 사람들은 이유가 있다

나는 독자들한테 문자와 카카오톡, 메일을 많이 받는다. 많은 사람들이 부동산 투자에 대해 알고 싶어 한다. 그들의 사연은 다양하다. 하지만 그 사연들을 들어보면 결국에는 하나같이 돈을 많이 벌고 싶다는 내용이다. 그들은 돈이면 해결되는 문제들로 골머리를 앓고 있었다. 돈이 많은 사람들에게는 별문제가 되지 않는 것들이지만, 돈이 없는 사람들에게는 엄청난 고통이고 힘든 문제들이다. 그래서 사람들은 돈을 벌기 위해 여러 방법을 찾다가 책을 보고 나에게 연락을 해 온다. 마음이 급하신 분은 바로 전화를 걸어오기도 한다.

경기도 수원에 거주하는 40대 직장인 박진주 씨가 "대표님 책을 보고 부동산에 더 관심을 갖고 현재보다 더 나은 삶을 살고 싶습니다. 꼭 상담을 받고 싶어요."라는 문자를 보내왔다. 진주 씨는 상담을 통해 자신의 사정과 바람을 드러냈다. 아이가 셋인 그는 아이들이 하고 싶은 것을 지원해 주고, 함께 여행을 다니면서 마이너스 인생에서 벗어나고 싶다고 말했다.

진주 씨는 부동산에 대해 전혀 모르는 상태에서 이미 투자를 한 상태였다. 2026년에 원천역이 들어선다는 이야기만 듣고 광교에 있는 오피스텔에 계약금과 1차 중도금 4,200만 원이 들어간 상태였다. 오피스텔은 여전히 미분양이었다. 어떻게 해서 투자를 하게 되었는지를 물어보니 그는 분양사무소 상담원과 전화통화로 알게 되어 계약을 하게 되었다고 했다. 1인 가구 증가와 역세권이라는 말에 투자 가치가 있다고 생각했다는 것이다. 하지만 그곳은 원천역이 생기는 시기도 너무 멀고 분양금액이 너무 비싸 투자 가치가 떨어졌다. 투자 방향을 바로 잡을 수 있는 안목을 높이는 공부가 시급했다.

부동산 투자는 제대로 공부하고 자신이 직접 눈으로 확인하며 발품을 팔아야 한다. 돈을 벌기 위해선 그만큼의 노력을 해야 한다. 부동산 투자는 그 어떤 재테크보다 빨리 일어설 수 있는 힘이 있다. 지금 그는 열심히 부동산 공부를 하면서 자신에게 맞는 투자를 하고 있다.

돈이 없는 사람은 투자를 더 신중하게 해야 한다. 피 같은 돈이 수익성이 떨어지는 곳에 너무 오래 묶여 있으면 자산을 증대할 수 있는 시간을 잃게 된다. 여윳돈으로 투자를 하는 사람들은 그나마 다행이지만 없는 돈을 모아서 투자를 한다면 당장 정신을 바짝 차려야 한다. 혼자서 고민하고 힘들어하지 말고 실수를 하기 전에 전문가를 만나서 투자 방향을 제대로 잡아야 한다. 여기에 부동산 공부는 필수다.

어떤 사람은 이미 부동산 투자로 만족한 삶을 살고 있지만, 자산을 얼마까지 늘리고 싶다는 계획과 목표를 정해 놓고 부족한 부분을 채우기 위해 찾아온다. 월급만으로는 절대로 살 수 없다는 것을 알고 투자를 계속 했던 사람이다. 그럼에도 더 많은 자산을 늘리기 위해 꾸준히 공부를 하고 배워서 투자하기를 원한다.

안정적인 직업은 없다

보통 사람들은 '누가 아파트 투자로 얼마를 벌었다' 하면 부러워하면서도 상대적 박탈감을 느낀다. 하지만 여기서 중요한 것은 그런 생각과 느낌이 드는 것은 잠시일 뿐, 도전하지는 않는다는 것이다. 자신이 달라지지 않는다면 결코 부자가 되지 못한다. 생각이 어디를 향해 있는지 자신을 돌아볼 필요가 있다. 가난한 의식을 가진 사람은 당장 내 손에 들어온 돈 몇 푼을 잃어버릴까 봐 꽁꽁 숨겨 놓는다. 하지만 부자 의식을 가진 사람은 자신이 가지고 있는 돈이 크든 작든 돈을 불리기 위한 방법을 찾으려고 생각한다. 그리고 이내 행동으로 옮긴다.

세상의 모든 부모들은 자식이 자신보다 더 잘 살기를 원한다. 먼저 살아본 경험으로 자식에게 아낌없이 조언을 한다. 공부를 열심히 해서 좋은 대학에 들어가야 번듯한 직장에 취직을 할 수 있고 안정적으로 살아간다고 생각한다. 하지만 안정적인 직업과 직장은 없다. 특히 재빠르게 변하는 요즘 시대에는 더욱 그렇다. 지금 각광받는 직업도 몇십 년 후에는 많이 사라질 것이다. 앞으로 점차 금융사무원, 의료진단 전문가, 번역가, 치과기공사, 생산 및 제조 관련 단순 종사원, 콜센터 요원, 계산원, 창고 작업원 등의 직업들은 위기에 처하게 될 것이다. 기술이 발달하면서 사람이 설 자리가 좁아지고 나이를 먹을수록 돈을 벌 수 있는 기회가 없어지는 게 현실이다.

학교공부로 잘살 수 있는 시대는 점차 사라지고 있다. 아무리 공부를 잘해도 부자로 살아가지 못한다. 대학 졸업장은 특별한 이력이 되지 않는다. 그런데도 자식을 많이 낳지 않다 보니 아이에게 올인을 한다. 어학연수도 스펙을 만들기 위해 당연히 다녀오는 시대가 되었다. 부모는 있는 돈 없는 돈을 끌어 모아서 아이를 명문 대학에 보내기 위해 투자를 아끼지 않는다. 나는 부모의 이같은 심리는 자신이 이루지 못한 것을 아이가 이룸으로써 대리만족하려는 것이라고 생각한다.

부모는 아이에게 너무 관심을 쏟다 보니 정작 자신의 노후를 챙길 여유가 없다. 그러다 나이가 어느덧 50세가 될 즈음, 겁이 나기 시작한다. '내가 여태 뭐했지! 모아 놓은 돈도 없고 나이는 들고 은퇴할 시기는 다가오는데 어떡하지?'라는 생각이 든다. 대부분 사람들이 이런 생각을 한다. 그리고 뒤늦게 돈을 벌기 위해 투자 쪽으로 눈을 돌리고 부랴부랴 부동산 투자를 한다. 일단 부동산은 누구나 할 수 있는 분야다. 사람을 가리지 않는다. 자신의 의지와 종잣돈이 있으면 시작할 수 있다.

자산을 늘리는 데 가장 빠른 방법은 부동산 투자다

부동산 투자는 그 어떤 투자보다 자산을 늘리는 가장 빠른 방법이다. 보통 서민들은 가족을 돌보면서 아무리 아껴도 1년에 1,000만 원 모으기 힘들다. 나의 경우는 한 달 월급에서 30만 원 떼어 내는 것도 힘들었다. 적은 월급으로 가족생계를 꾸리고 나면 빠듯하게 살아야 했기 때문에 돈에 끌려 다니는 삶을 살았다. 마이너스가 안 되면 그걸로 다행이라며 만족하고 살았다. 실제로 대부분의 사람들이 그렇게 살고 있다.

나는 부동산 투자를 하면서 '아! 이런 세상도 있구나!'라는 생각을 하게 되었다. 투자를 하면서 점점 더 부동산 투자의 매력에 빠지게 되었다. 1년에 1,000만 원 벌기가 정말 힘든데 부동산 물건 하나로 1,000만 원 이상의 수익을 쉽게 벌 수 있다. 한 번 투자를 해서 수익을 창출하고 나면 욕구는 더 강해진다. 부동산 투자를 하지 말라고 말려도 스스로 알아서 할 정도로 바뀌게 된다.

세상에는 돈 버는 방법이 다양하다. 하지만 이왕 돈을 벌겠다고 마음먹은 이상 돈과 시간, 노력을 투자해서 부를 누리고 살아야 한다. 그러기 위해서는 돈을 단기간에 벌어서 내 몸이 움직이지 않아도 되는 시스템을 만드는 것이 중요하다.

투자를 모르면 계속해서 힘들게 살아야 한다. 주위를 둘러보면 직장생활로 부자가 된 사람을 찾기 힘들다. 더 이상 스펙을 쌓기 위해서 하는 공부는 그만두자. 부자가 되기 위한 공부는 영어공부나 창업을 위해서 하는 공부가 아니다. 부동산 공부다. 부동산 공부에 매진한다면 스펙은 필요 없다. 부자들 중에 부동산을 멀리하는 사람은 없다. 오히려 부자들은 돈이 생길 때마다 부동산을 통해 자산을 계속 늘려 간다. 부동산은 실물 자산이기 때문에 인플레이션에 강한 가장 안전한 투자처다.

부동산 공부가
진짜 공부다

최고의 부동산 공부는 직접 투자하는 것이다

요즘 사람들이 모이면 하나같이 살기가 너무 힘들다고 말한다. 자영업자와 사업하는 사람들도 경제가 어렵기는 마찬가지다. 최저시급이 단기간에 대폭 올라 직원을 고용하는 업주들은 결국 직원을 줄이게 되고 자신이 직접 일을 하면서 운영한다. 그리고 가장 바쁜 시간대에만 아르바이트를 고용해서 쓰기 때문에 직원들은 고정 수입이 많이 줄어들게 된다. 따라서 이전처럼 생활을 유지하려면 몇 군데의 아르바이트를 더 해야 한다. 학비를 마련하려는 대학생들의 사정도 마찬가지다.

60대 후반 김경훈 씨는 대구와 포항, 구미 등에서 요양병원을 운영하고 있다. 그는 대표 이사로서 경제적·시간적 자유를 다 이루고 살고 있는 사람이다. 김경훈 씨는 중학교도 제대로 다니지 못했다. 집이 너무 가난했던 그는 어릴 때부터 안 해본 일이 없을 정도로 많은 고생을 했다. 이를 악 물고 돈을 벌었지만 가난에서 벗어나지 못했다. 그는 지치지 않기 위해 "영혼을 팔아서라도 반드시 부자가 된다!"라는 문장을 적어 놓았다고 한다. 당시에는 혹여 누가 볼까 봐 벽에 붙이지 못하고 자신만 볼 수 있게 천장에 붙여 놓았다. 그는 잠들기 전에 그 문장을 되뇌고 생각하면서 성공에 대한 확신을 심기 시작했다고 한다.

그는 종잣돈을 모아 부동산 투자를 하기 시작했다. 그렇게 전국적으로 부동산을 사고팔면서 많은 돈을 모았다. 김경훈 씨는 도전정신이 강한 사람이다. 모은 돈으로 새로운 사업이 하고 싶어 곰곰이 생각을 하다가 앞으로 계속 발전적으로 유지할 수 있는 사업을 생각했다. 그 사업이 바로 요양병원이었다. 비교적 작은 병원의 규모는 사업 수완이 좋아지면서 점차 커졌다. 그렇게 지금은 각 지역에 요양병원을 설립해서 운영하고 있다. 김경훈 씨는 강연에서 이렇게 말했다.

"어디를 가든지 자신을 당당하게 말하세요. 우리는 무한한 가치가 있습니다. 많이 배운 사람이든 적게 배운 사람이든 성공에는 아무 문제가 되지 않습니다."

"의사들이 많이 배워서 똑똑한 것 같죠? 절대 아닙니다. 그 사람들은 가운을 벗으면 아무것도 할 줄 모르는 바보가 됩니다."

그는 소위 '엘리트'라고 불리는 사람들을 통솔하고 지휘한다. 이 모든 것이 돈의 힘이다. 김경훈 씨는 학벌도 좋지 않고 많이 배우지도 못했지만, 현재 수백 명의 사람들을 관리하고 있다. 김경훈 씨는 부동산 공부와 투자는 반드시 해야 한다고 말한다. 없는 사람이 돈을 벌 수 있는 유일한 도구이기 때문에 부동산을 무시하면 삶은 더 힘들어진다. 자신이 이렇게 성공하고 편안한 삶을 누릴 수 있었던 것은 자산을 늘릴 수 있는 부동산이 있었기 때문이라고 말한다. 부동산 투자를 적대시하지 말고 소액이라도 도전해 보자. 이는 최고의 부동산 공부가 될 것이다.

가난과 이별할 방법은 부동산 투자뿐이다

많은 사람들은 꿈과 행복을 찾기 위해 열심히 돈을 벌고 있다. 처음에는 다들 그렇게 시작한다. 그러한 생활이 지나다 보면 우리는 결코 꿈과 행복을 찾기 위해 일을 하는 것이 아니라 생계를 위해서 돈을 벌고 있다는 사실을 깨닫게 된다. 자신이 하고 싶고 이루고 싶은 일은 하나도 이루지 못한 채 돈의 노예가 되어 이리저리 끌려 다니고 있는 것이다.

나는 우리 인생살이에서 무시할 수 없는 게 바로 돈이라고 생각한다. 모든 것이 순탄하지 못했던 시절에 통장 잔고가 바닥나 너무 화나고 괴로워서 목 놓아 운 적도 여러 번 있었다. 아이를 데리고 외식을 하고 싶어도 뜻대로 되지 않는 현실에 닥치면 얼마나 아픈지 겪어 보지 않은 사람은 모른다. 나는 다른 부모들이 아이들과 자주 여행을 다니고 쇼핑을 하는 모습을 보면서 우리 아이에게 너무 부족한 엄마인 것 같아 항상 미안했다.

"나도 다른 친구들처럼 엄마 손잡고 쇼핑하고, 맛있는 것도 사 먹으면서 같이 다니고 싶어."

"그래. 다음에 같이 나가서 쇼핑하고, 맛있는 것도 사 먹자."

아이가 이렇게 말을 하면 미안하면서 당황스럽다. 하지만 그 돈을 쓰게 되면 매달 쓰는 생활비에 타격을 주니 쉽게 마음 놓고 쓰지 못한다. 경제적인 여유가 없기 때문이다. 그러다 보면 아이는 실망하게 되고 엄마에 대한 기대감도 점차 낮아지게 된다. 나는 아이가 자랄수록 해줄 수 있는 게 많지 않았다. 돈과 연관이 되는 일들이 점점 많아졌기 때문이다. 나는 오랜 시간 동안 돈에서 해방되어 살 수 있는 방법을 고민했다.

나의 불행한 환경은 나를 일으켜 세우는 역할을 했다. 가난에서 벗어나려는 의지가 행동하게 만들었고 지금의 내가 있기까지 많은 역할을 했다. 당시에는 나에게 엄청난 고통이었다. 하지만 힘든 과정을 통해 자극을 받은 나는 부동산 투자를 더 열심히 하게 되었다. 가난과 이별해야 한다는 일념으로 부동산 투자에 모든 걸 걸었다. 내가 돈을 따라다니지 않고 돈이 나를 따라다니게 만들어야 한다고 생각했다.

나는 부동산 투자를 결심하고 관련 서적을 사기 위해 가까운 서점에 갔다. 서점 바닥에 주저앉아 시간 가는 줄 모르고 다양한 부동산 책을 읽었다. 주위의 시선 따위는 신경 쓰지 않았다. 집에 갈 때까지 기다릴 수 없었다. 나는 부동산 관련 도서를 닥치는 대로 사 왔다. 책을 그렇게 많이 사오면서 행복한 적은 처음이었다. 책으로 다양한 간접 경험을 할 수 있었다.

부자들의 투자 방식을 섭렵하고, 그 마인드를 배워라

주위를 보면 부동산 투자로 돈을 벌어 부자가 되었다는 사람을 많이 본다. 하지만 주식, 펀드 등의 투자로 돈을 벌었다는 이야기는 듣기가 힘들다. 여기에 참여한 대부분의 사람들은 빚을 떠안게 되어 가정이 파탄 나거나 배우자의 원망하는 눈초리를 받고 산다.

투자를 하겠다고 섣불리 덤벼들었다가 큰 코 다친다. 피 같은 돈이 순식간에 사라지는 위험에 놓이게 된다. 부동산에 대해 제대로 알지 못하는 사람들의 말을 듣지 말고 자신이 판단할 수 있는 지식을 갖추어야 한다. 직접 공부를 하고 확인을 하는 습관을 기른다면 좀 더 나은 미래를 기대해 볼 수 있지 않을까?

우리의 인생은 돈으로 좌지우지되는 경우가 대부분이다. 그런 인생에서 벗어나 누구에게도 구속받지 않는 삶을 살고 싶다면, 부동산 공부를 해야 한다. 부자가 되려면 지식과 정보도 중요하지만 부자들의 투자 방식을 섭렵하고 그 마인드를 배워서 따라 해야 한다. 사람들은 더 나은 삶을 추구하지만 부자로 가는 행동은 하지 않는다. 항상 생각에 그치기 때문에 늘 똑같은 삶에서 벗어나지 못하고 있다. 이제는 생각에만 그치지 말고 바로 행동으로 옮겨야 한다. 그래야 인생이 바뀐다.

나는 부동산 공부로
인생을 바꾸었다

부동산 투자로 지옥같은 현실에서 벗어나라

직장인 시절의 나는 아침만 되면 눈 뜨기가 너무 싫었다. 회사에 출근하면 '오늘 하루를 어떻게 버텨 내지? 빨리 퇴근하고 싶다'라는 생각이 제일 먼저 들었다. 하고 싶은 일을 하면서 돈 버는 일도 지치고 힘들기 마련인데, 하기 싫은 일을 하면서 매달 돈에 쪼들리는 삶은 정말 지옥 같았다. 하루하루 견뎌 내는 것이 어느새 일상이 되어버린 게 너무 싫었다.

반복되는 일상과 변함없는 현실에 지치고 힘이 들었다. 벗어나고 싶지만 뚜렷한 방법을 찾을 수가 없었다. 나는 12시간 동안 꼼짝없이 회사에서 일해야 했다. 그런데 그런 일조차 언제까지 할 수 있을지도 몰랐다. 어느 순간 두려움이 밀려왔다. 내 젊음을 회사에 다 바쳐야 한다는 생각과 일만 하다가 늙어가야 하는 현실에서 도망치고 싶었다. 왜 이렇게밖에 살 수 없는지, 나 자신이 원망스러웠다.

빚보증으로 파산을 하면서 결혼생활은 어두운 잿빛으로 바뀌었다. 어린 딸을 데리고 급하게 보증금 200만 원에 월세 32만 원 원룸으로 이사를 해야 했다. 이때부터 나의 인생은 쉽게 풀리지 않았다. 다시 일어서기 위해 닥치는 대로 일을 해야 했다. 돈을 벌 수 있는 일이라면 가리지 않고 했다. 다양한 부업과 홀 서빙, 판매직, 입주 청소 등…. 딸아이가 어려서 시간을 조절할 수 있는 일을 했다. 모든 일을 임시직으로 하다 보니 내가 투자한 시간에 비해 수입이 턱없이 적었다. 그러다 아이가 어린이집에 갈 나이가 되면서 나는 생산직종에 정규사원으로 입사했다. 공장에서 하는 일은 육체적 노동이 많은 일이기 때문에 몸이 많이 고되었다. 퇴근해서 집에 가면 몸이 천근만근이어서 만사가 귀찮아지곤 했다. 하지만 집안일을 안 할 수가 없었다. 아이를 챙기면서 다음날 먹을 식사도 미리 준비를 해야 했다. 늦게까지 집안일을 하고 자리에 누우면 퉁퉁 부은 다리가 쑤셔왔다. 코끼리 다리처럼 부은 다리로 잠이 들면 엄청난 통증 때문에 새벽에 깨곤 했다. 그때마다 쥐가 난 다리를 주무르는 것이 일상이었다.

5년 만에 보증금 2,000만 원에 월세 34만 원짜리 아파트로 이사했다. 하지만 만기가 되면 보증금과 월세가 오를 거란 생각에 가슴이 답답해지면서 걱정이 되었다. 남편과 맞벌이를 했지만 저축한 돈이 없어 보증금과 월세를 낼 형편도 되지 못했다. 그래서 집주인 눈치를 보지 않는 방법을 생각하다가 내 집을 가질 수 있는 방법을 찾기 위해 부동산에 찾아갔다. 세상에 죽으라는 법은 없는 것 같다. 어려움에 처하면 적극적으로 해결 방법을 찾으려고 갖은 노력을 하게 된다. 그러다 기회가 생기고 좋은 해결책을 찾을 수 있다.

나는 가진 돈이 많지 않아 최저가로 나온 물건을 잡아야 했다. 부동산 소장님께 부탁을 해서 23평짜리 소형 아파트를 매매했다. 시세가 1억 2,000만 원인데 급매로 9,600만 원에 매매할 수 있었다. 모자란 돈은 대출을 받아서 해결했다. 대출이자는 월세 나가던 돈으로 충당하고도 남았다. 이때까지 살면서 최고로 잘한 결정이었다. 이제 집주인이 아닌 은행에 이자를 지불하면 되기 때문에 더 이상 이사를 다니지 않아도 되었다. 보증금과 월세 걱정으로 심리적인 압박감을 가질 필요도 없게 되었다. 등기 권리증을 손에 들었을 때는 마치 내가 엄청난 부자가 된 기분이었다.

"호랑이에게 물려 가도 정신만 차리면 산다."는 속담이 있듯이 그 어떠한 어려움이 있어도 해결책을 찾으려고 노력하면 실마리를 찾게 된다. 나는 죽고 싶을 만큼 힘든 일이 있을 때마다 나의 어두운 생각을 걷어 내려고 노력했다. 딸을 생각하면서 희망을 떠올렸고, '앞으로 더 좋아질 거야!'라는 마음가짐으로 살았다. 신은 사람들에게 감당할 수 있는 만큼의 시련을 주신다고 한다. 우리는 충분히 이겨낼 수 있고 시련을 해결할 능력을 가지고 있다.

투자로 노후를 준비하라

나는 가난한 삶을 벗어나고자 부동산 투자를 알게 되었다. 아파트를 마련하고 1년이 지나자 가격이 조금씩 올랐다. 그렇게 3년이 지나자 집값이 무서운 속도로 상승했다. 투자금 2,000만 원으로 집을 샀는데 1억 원 이상 올랐다. 그것을 보는 순간 '도대체 이게 뭐지, 1년을 아껴 모아도 500만 원 모으기 쉽지 않았는데…. 어떻게 된 거지?'라는 생각이 들었다.

나는 부동산 관련 정보를 알아보기 시작했다. 정말 신세계를 찾은 기분이었다. 그동안 살면서 '부동산 투자'라는 단어는 생각지도 못했는데, 실제로 경험을 하고 나니 엄청 설레고 흥분되었다. 제대로 돈을 벌 수 있는 길을 찾았다는 생각에 너무 행복했다.

나는 시세 차익으로 번 돈으로 부동산 투자를 했다. 처음에 내가 가진 돈은 2,000만 원이었기 때문에 소형 아파트에 투자를 했다. 보통 사람들은 이런 나를 무모하다고 생각할 수 있다. "돈을 잃을 수도 있는데 왜 위험하게 투자를 하지?"라고 말할 수도 있다. 그러나 이는 부동산 투자에 대해 잘 알지 못하기 때문에 할 수 있는 말이다. 내가 부동산 공부를 한 결과에 의하면, 부동산 투자는 가장 안전한 투자다.

자신이 가지고 있는 것을 아끼려고만 하면 절대로 더 나은 인생을 살지 못한다. 더 좋은 환경으로 옮겨 가길 원한다면, 그 방법을 간절히 얻고자 해야 한다. 나는 어느 순간 환경이 생각을 지배한다는 사실을 깨달았다. 사람은 적응의 동물이다. 현실에서 벗어나기 위해 행동하지 않는 사람은 평생 같은 생활을 반복하거나 더 나쁜 상황에 빠진다. 사람은 시간이 흐를수록 노화가 진행되어 노동력을 점차 잃게 된다. 때문에 우리는 부동산을 통해 내가 일하지 않아도 편안한 노후를 보낼 수 있도록 경제적인 기반을 미리 준비해야 한다.

부동산 투자로 부의 추월차선을 타라

나는 부동산 공부로 인생을 바꾸었다. 절대로 변하지 않을 것 같았던 나의 인생이 부동산 공부를 하면서 신분상승을 했다. 지금은 부동산 공부와 투자를 해서 변화된 삶을 많은 사람들에게 공유하고 있다. 또한 도움을 필요로 하는 사람들을 코칭해서 새로운 인생을 살 수 있도록 돕는 일을 하며 행복한 삶을 살고 있다.

많은 사람들이 부동산 투자를 하고 싶지만 쉽게 도전하지 못한다. 어디서부터, 어떻게 시작해야 하는지를 몰라 어려워하고 있다. 어떤 사람들은 '부동산은 큰돈을 움직이는 것'이라 생각해 엄두가 나질 않아 아예 쳐다보지 않기도 한다. 하지만 그것은 몰라서 하는 소리다. 소액이라도 충분히 돈을 벌 수 있다. 무조건 '안 된다.'라는 생각을 하기 전에 되는 방법을 찾으려고 노력을 해야 한다. 남들과 똑같이 돈 걱정하면서 한 평생을 살고 싶은가? 얼마든지 가난한 환경에서 벗어날 수 있는데도 알아볼 생각조차 하지 않는다면 그 사람은 평생 가난하게 살게 될 것이다. 부동산과 친하게 지내야 부자가 되는 길에 빨리 합류할 수 있다.

이 책을 읽는 당신도 부동산에 대한 관심을 가지고, 부동산 공부와 투자로 행복한 인생을 살길 바란다.

회사에 다니면서 부동산 투자를 하라

회사는 미래를 책임져 주지 않는다

불경기인 요즘, 많은 사람들은 자영업보다는 직장 다니는 것이 안정적이라고 생각한다. 그러나 직장인이라고 해서 무조건 안정적인 것은 아니다. 대기업의 정년이 60세까지라고 하지만 주변만 봐도 50세 이전에 퇴직하는 사람들이 많다. 정년이 보장된다고 해도 회사 사정이 안 좋아져 구조조정을 당해 자의가 아닌 타의에 의해서 그만두게 된다. 조직사회에서 경쟁에 밀려나기도 하고 윗사람 눈 밖에 나서 고달픈 직장생활을 하다가 그만두는 경우도 많다.

얼마 전 금융권에서도 감원 칼바람이 불어 닥쳤다는 기사를 봤다. K 은행 희망퇴직 대상은 53세 부점장급, 54세 이상 팀장, 팀원급 직원을 포함해 모두 2,100여 명이다. 시중 5대 은행에서는 이미 구조조정 칼바람이 불고 있기 때문에 40~50대 은행원에겐 엄청나게 힘든 시기다. 이러한 구조조정이 이루어진 주요 원인은 인터넷과 모바일 뱅킹 확산 때문이다. 요즘은 온라인으로 처리되는 업무가 많아지다 보니 그만큼 사람의 일이 줄어든 것이다.

얼마 전, 엄마를 모시고 가족들과 영화관에 갔다. 영화를 보고 나오는데 엄마를 보는 순간 뭉클한 느낌의 무언가가 가슴을 뛰게 했다. 평일에 가족과 함께 문화생활을 즐기고 있는 나의 모습에 스스로 감동을 받은 것이다. 나는 가족과 맛있는 음식을 먹으며 재잘재잘 이야기를 하면서 언제든지 만나고 싶을 때 만나면서 살 수 있는 기반을 만들었다. 그런 시간을 자유롭게 쓸 수 있는 여유가 생겼다는 것에 감사함이 밀려왔다.

불과 몇 년 전만 해도 나는 공장에서 쉴 새 없이 제품을 생산하기 위해 몸을 바삐 움직이며 고되게 일을 했다. 작업 중에 화장실을 갈 때면 반장의 눈치를 봐야 했다. 회사에 얽매여 있는 이상, 시간을 내 마음대로 쓸 수 없었다. 회사는 어디까지나 나의 노동의 대가를 받아 밥을 먹고 살게 도와주는 역할을 할 뿐이다. 나의 안락한 생활은 보장해 주지 않는다.

"작가님 안녕하세요, 구미에 사는 김영철입니다. 저도 부동산 투자를 하고 싶은데 할 수 있을까요? 기초 생활 수급자인데요."

"네. 그런데 부동산 투자를 하려면 일단 직장을 가지셔야 합니다. 수입이 있어야 대출을 이용할 수 있고 부동산 투자를 시작할 수 있어요."

"그럼 기초 생활 수급비를 받을 수 없게 되는데요."

40대 김영철 씨와 통화를 하고 나서 머리가 지끈 아팠다. 그는 부동산 투자를 하고 싶지만 나라에서 주는 기초 생활 수급비를 포기하기 싫어하는 눈치였다. 그런 생각을 가진 사람은 절대로 가난에서 해방되지 못한다. 기본적으로 가난한 사고방식에서 벗어나지 않고선 부자로 살아갈 수 없다. 김영철 씨에게 직장을 구하고 부동산 투자를 하고 싶다면 그때 다시 연락을 하라고 했다.

나 역시 기초 생활 수급자였던 시절이 있었다. 당시에 너무 힘들어서 정부의 지원을 받았다. 아이가 많이 어렸던 터라 정부 지원을 받으면서 비정규직 일을 했다. 그러다 아이를 어린이집에 보내게 되면서 4대 보험이 적용되는 직장을 구했다. 그렇게 나는 기초 생활 수급자에서 벗어났다.

김영철 씨와 같은 상황에 처해 있는 사람은 정부에서 지원해주는 돈에 인생을 맡겨야 할지, 스스로 돈을 벌 기회를 찾을지 선택해야 한다. 회사를 다니고 있는 사람도 마찬가지다. 회사를 평생직장이라고 믿으면 안 된다.

돈이 없어도 부동산 투자할 수 있다

인천에서 중소기업에 다니는 사회초년생인 30세 이규철 씨는 첫 월급 명세서를 받아들고 큰 충격을 받았다. 월급만으로는 살기 힘들 것을 깨달았다고 한다. 40~50대에는 일보다 가족들과 시간을 보내는 삶을 살고 싶어 그전에 돈이 들어오는 시스템을 만들고자 했다. 나를 찾아온 그는 투자를 하게 된다면 늦어도 32세에는 꼭 시작하고 싶다고 했다. 그리고 작년 8월 경매 과정 강의를 등록하고 3주 만에 인천 계양구에 있는 빌라 한 채를 낙찰받았다. 그리고 평소 대출에 대해 편견이 있던 그에게 '대출은 무서운 것이 아니라 잘 활용해서 자산을 늘리는 데 이용해야 하는 가장 좋은 방법'이라는 것을 깨우쳐 주었다. 그렇게 해서 그는 모아둔 돈 600만 원으로 단 한 번의 입찰로 낙찰에 성공했다.

이규철 씨가 받은 물건은 전용 면적 11평으로 3층 건물 중 1층에 위치했다. 연식은 1991년이었다. 낙찰가는 3,954만 원으로 차순위와 100여만 원 차이였다. 경락잔금대출로 4,000만 원을 받았기 때문에 실투자금은 마이너스였다. 투자금 한 푼도 들이지 않고 오히려 월세 보증금 500만 원이 남았다. 1년 후, 대출이자와 원금 균등분할 상환액을 납입하고도 남는 월 수익을 볼 수 있었다. 보증금 500만 원에 월세 30만 원으로 실투자금은 546만 원(각종 세금 및 등기 이전 비용 제외)이었다. 이 경우에는 보증금을 가지고 바로 재투자를 할 수 있다. 그는 돈 한 푼도 들이지 않고 소유권을 가지게 된 것이다.

그의 최종적인 목표는 경제적인 자유다. 이제 성공적인 첫 발걸음을 뗀 것이다. 한 번 낙찰을 받아보면 자신감이 붙게 된다. 자신이 직접 발품과 정보로 물건을 골라서 낙찰을 받았기 때문에 두 번째 물건부터는 알아서 척척 할 수 있다. 이렇게 돈 버는 맛을 보게 되면 주위에서 누가 말려도 안 할 수가 없다. 무엇이든지 자신이 직접 경험해 봐야 한다. 남들이 한다고 따라만 하고, 물건을 보는 안목이 없는 상태에서 부동산에 투자를 한다면 손해를 볼 게 뻔하다. 돈을 버는 것보다 더 중요한 것은 피 같은 내 돈을 잃지 않도록 해야 한다는 것이다.

직장인 최고의 재테크는 부동산 투자다

많은 사람들은 "돈이 없어요.", "내가 할 수 있을까요."라는 말을 많이 한다. 자신을 믿지 못하기 때문에 걱정이 먼저 앞선다. 보통 힘들게 사는 사람들을 보면 이러한 생각을 하고 살아가고 있다. '안 된다'라는 부정적인 사고에 갇혀 살고 있다. 긍정적인 사고로 빠르게 전환시켜야 한다. 해 보지도 않고 지레 겁부터 먹을 필요는 없다.

경매 투자는 돈이 없으면 없는 대로 자신의 투자금에 맞는 물건을 고르면 된다. 적은 돈으로는 서울과 수도권 지역의 물건을 찾기는 어렵겠지만, 지방의 부동산을 잘 살펴보면 충분히 좋은 물건을 찾을 수 있다. 경매는 시세보다 싸게 낙찰을 받기 때문에 처음부터 이기고 시작하는 투자다.

돈이 없는 사람이 부자의 길로 들어서기는 아주 힘들다. 하지만 부동산 투자는 돈이 없는 사람도 제2의 인생을 살아갈 수 있게 만들어 준다. 그리고 그 새로운 인생을 시작하기 전에 가장 먼저 기회를 볼 줄 아는 안목을 기르는 것이 최우선이라는 점을 잊지 말자.

직장인이라면 직장생활로 바쁘다는 핑계를 대지 말고 부동산 투자로 미리 미래를 준비해야 한다. 부동산은 직장생활을 하면서 종잣돈을 벌 수 있는 최고의 재테크이다. 직장인들은 언제든지 퇴직할 수 있다는 생각을 하고 있어야 한다. 갑작스럽게 회사를 나오게 되더라도 든든한 버팀목이 되어줄 돈 시스템을 만들어 놓아야 한다.

매일 반복되는 다람쥐 쳇바퀴 인생에서 탈출하고 싶지 않은가? 그렇다면 부동산 투자를 알게 된 순간부터 뒤도 돌아보지 말고 올인하라. 후회 없는 삶을 살게 될 것이다.

PART 2

인생을 바꾸는 데
부동산 하나면
충분하다

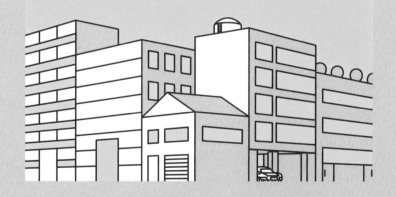

인생을 바꾸는 데
부동산 하나면 충분하다

금수저가 아닌 흙수저를 물고 태어나면 자신이 원하는 대로 살기 어렵다. 아무리 발버둥을 쳐도 금수저로 살아가기란 하늘의 별 따기다. 태어날 때부터 돈에 의해서 부자와 가난의 갈림길에 놓이게 되는 것이 현실이다. 사람들은 그런 현실을 체념하면서 받아들인다.

경제력이 있는 부모 밑에서 태어난 자식들은 여러 가지 좋은 혜택을 받으면서 배우고 싶은 것, 하고 싶은 것을 마음대로 선택하면서 살아간다. 돈이 없는 부모를 둔 자식은 자신이 원하는 것을 마음대로 선택하지 못하고 돈의 눈치를 보며 포기하는 것들이 많아진다. 자수성가해서 부자로 살아가는 사람들도 있지만 대부분의 사람들은 인생역전을 하기가 쉽지 않다. 우리가 열심히 사는 것은 가족과 행복하게 잘 살기 위해서다. 하지만 실제로는 가족과 함께 보내는 시간보다 돈을 버는 시간이 더 큰 비중을 차지한다.

나는 책에서 배운 대로 실천하기로 마음을 먹고 여러 부동산을 방문해 시세를 알아보고 마음에 드는 물건을 골랐다. 첫 부동산 투자를 알차게 급매물로 잡았다. 23평 소형 아파트에 남향, 로열층으로 마음에 드는 물건이었다. 시세보다 2,000만 원 저렴한 1억 9,000만 원에 매매했다. 취득세 포함해서 내 돈 1,850만 원이 들어갔다. 보증금 2,000만 원, 월세 60만 원에 세입자를 구했다. 여러 군데를 돌며 발품을 팔아 얻은 결과였다. 그때의 기분은 날아갈 듯 기뻤다. 이때 급매물도 중요하지만 아파트 단지에 전월세 물건의 양이 많은지 적은지, 그 수요가 꾸준한지를 확인해야 한다. 세입자를 빨리 구해야 제때 잔금을 치를 수 있기 때문이다. 또한 꼼꼼히 체크해야 다른 실수를 하지 않는다.

한번 해 보니 자신감이 붙어 계속해서 투자를 이어갔다. 돈 버는 일이 그렇게 재미있는 줄 몰랐다. 여러 채의 소형 아파트에 투자를 했다. 그렇게 혼자서 하다 보니 어느 순간 한계에 부딪히게 되었다. 나는 부족한 부분을 채우기 위해 부동산 투자의 전문가인 멘토에게서 부동산을 보는 안목과 지식을 꾸준하게 배우면서 투자를 했다. 아파트에만 투자를 하다가 점차 다른 부동산에도 눈을 돌렸다.

정부의 대출 규제가 전혀 없고 중도금 무이자에 부가세 환급, 임차보증금 회수, 임대료 역시 기업을 상대로 하기 때문에 안정적이고 수익성이 확실한 오피스 빌딩에 투자했다. 삼성벨트가 주위에 위치하고 있어 안정성과 수익성이 보장되었다. 나는 계약금 10%를 내면 잔금 80%는 저금리로 대출해 주는 방법을 선택했다. 그리고 나머지 10%는 보증금으로 해결했다.

이러한 방법으로 1,000만 원을 투자해 이자를 내고도 30만 원의 이익을 얻었다. 즉, 5,000만 원 정도 투자하면 순수익 150만 원의 임대료 수입을 올릴 수 있는 것이다. 따라서 소액의 투자금으로 여러 채 구입해서 월세 수익을 만들면 적은 돈으로 월세 받는 건물주가 되는 것이다. 이런 정보를 모르는 사람들은 돈 1,000만 원을 은행에 넣어 둔다. 1,000만 원을 정기예금을 하면 한 달에 이자 2만 원밖에 되지 않는다. 돈을 버는 방법을 알지 못하면 은행에 돈을 묶어두게 되면서 단돈 2만 원의 이자를 받는 걸로 만족하며 살게 된다. 정보를 알지 못하면 수익은 하늘과 땅 차이다. 정보가 곧 돈인 셈이다.

인생을 바꾸고 싶다면 무조건 부동산에 투자하라

현대사회는 삶의 질의 변화와 의학의 발달로 평균 수명이 길어졌다. 지금 우리는 100세 시대에 살고 있다. 요즘은 은퇴 시기가 점점 짧아지면서 노동력은 있지만 일을 하지 못하거나 적은 임금으로 노후생활을 하는 사람들이 증가하는 실정이다. 오죽하면 "100세 시대는 축복이 아니라 재앙"이라는 말이 나왔을까. 하지만 지금부터 우리가 어떻게 노후 준비를 하느냐에 따라 미래를 축복으로 만들 수가 있다.

경기도에 사는 56세 문태수 씨는 부동산으로 매달 월세가 나오는 수익형 부동산을 사고 싶어 했다. 나는 문태수 씨에게 땅을 사서 건물을 지으면 수익이 더 극대화되고, 돈을 많이 가지고 있지 않아도 건물주가 될 수 있다고 조언했다. 그는 내 말에 경기도에 위치한 땅을 사서 4층 건물을 올리기로 결심했다. 지금 그가 지은 건물 1층은 점포 보증금 1억 5,000만 원에 월세 180만 원으로, 총 점포 3개에서 540만 원의 월세가 나온다. 그리고 6개의 전셋집에서 받은 전세금 6억 원으로 집 지을 때 들어간 돈과 땅에 대한 대출금 3억 5,000만 원에 대한 이자 200만 원을 갚고도 340만 원이 남는다. 만약 그가 전세를 월세로 돌린다면, 월세 수입이 1,000만 원이 넘게 되는 것이다.

건물을 짓고 월세를 받고 있는 그는 이렇게 적은 돈으로 건물을 가질 수 있다는 것에 놀라워했다. 그렇게 문태수 씨는 실투자금 2억 원을 가지고 매달 월세가 나오는 건물주가 되었다. 노후를 걱정하지 않아도 되겠다며 행복해하던 모습이 눈에 선하다. 지금도 그는 여러 군데에서 건물을 짓고 있다. 그의 사례가 보여 주듯, 부동산에 대해 어렵게만 생각하지 말고 전문가와 상담을 받으면 보다 쉽게 해결된다.

대부분의 사람들은 건물을 지으려고 생각하지 않고, 건물을 사서 임대 수익을 올리려고 한다. 하지만 그렇게 되면 투자금이 너무 많이 들어가고 투자금에 비해서 수익성이 많이 떨어진다. 이와는 반대로 직접 건물을 짓게 되면 완공 후 시세 차익까지 얻을 수 있다. 물론 건물을 짓는 데는 많은 돈이 들어간다. 그러나 토지를 담보로 대출 80%를 받을 수 있고, 건축물을 올릴 때도 건축비를 후불 방식으로 지급하는 방법이 있다. 그렇게 건축물이 완공되면 주거와 상가 임대 수익을 동시에 충족할 수 있는 수익형 부동산 건물주가 된다. 부동산은 우리를 부자로 만들어 주는 최고의 도구다. 따라서 인생을 바꾸는 데에는 부동산 하나면 충분하다.

부동산을 알면 부자가 된다

나는 인생을 바꾸고 싶다면 무조건 부동산에 투자를 하라고 권장한다. 나 스스로가 부동산으로 인생역전을 했기 때문에 다른 사람들도 다 할 수 있다고 믿는다. 돈이 많아야 투자를 할 수 있다면 부동산 투자는 불가능했을 것이다. 요즘 부동산 투자를 돈을 벌수 있는 수단으로 인식하는 사람들이 늘고 있다. 하지만 아직도 많이 가진 자들만 부동산 투자를 한다고 여기고 아예 접근조차 하지 않는 사람들도 많다. 제대로 알지 못하기 때문이다. 나도 부동산에 대해 몰랐을 때는 나와는 전혀 상관없는 세상이라고 생각했다. 하지만 지금은 후회가 된다. 조금만 더 부동산에 일찍 눈을 떴더라면 힘들고 고통스러운 생활에서 훨씬 빨리 탈출할 수 있었을 것이다.

금수저가 아니어도 부동산 투자만 제대로 알면, 얼마든지 스스로 부자가 될 수 있다. 더 이상 금수저를 부러워할 필요가 없다. 부동산 투자는 모두에게 활짝 열려 있다. 최고의 선택으로 최고의 기회를 잡아 인생을 멋지게 바꾸어 보길 바란다. 부동산은 내가 일하지 않고 움직이지 않아도 수익 창출을 시켜 주는 고마운 존재다. 변하지 않는 현실에서 벗어나고 싶다면 010 6607 6227로 연락해 보자. 이미 부동산 투자로 부자가 되는 경험을 한 전문가로서 상세한 조언과 상담을 통해 가난이라는 고통에서 탈출하도록 도움을 줄 수 있다. 나와 함께 경제적 자유를 이뤄 보자.

꼬박꼬박 돈이 들어오는
'월세 통장' 만들기

불경기로 고용상황이 급격히 나빠지면서 투잡 희망자가 63만 명으로 역대 최대라고 한다. 통계청에서 발표한 '2018년 연간 고용동향'에 의하면 지난해 시간 관련 추가 취업 가능자 수는 62만 9,000명으로 전년(57만 1,000명) 대비 10.3% 증가했다. 여기서 시간 관련 추가 취업 가능자란 주당 취업시간이 36시간 미만인 시간제 근로자로 재취업이나 추가 일자리를 원하는 부분 실업자를 말한다. 2015년(50만 4,000명) 시간 관련 통계를 작성하기 시작한 이후 4년 사이 10만 명 넘게 늘어났다.

직장인들이 회사를 그만두게 되면 재취업하기가 힘들다. 그래서 투잡을 뛰거나 실업자로 세월을 보낼 확률이 높다. 때문에 지금 회사생활을 하고 있을 때 또 다른 파이프라인을 구축해야 한다. 보통 사람들은 힘든 상황이 눈앞에 닥칠 때만 위기의식을 느낀다. 하지만 힘든 상황을 맞닥뜨리게 되면 쉽게 포기하고 벗어나지 못하는 것이 현실이다. 현실을 그대로 받아들이고 안주하며 살아가는 것이 보통 사람들의 태도일 것이다. 이러한 태도는 계속해서 가난하게 살게 만드는 원인이다. 당장 위기가 닥쳐오지 않아도 앞으로 일어날 일에 대해 대비를 하자. 철저하게 준비를 한다면, 불안한 미래가 아닌 행복한 삶을 추구하는 삶이 되지 않을까?

전업주부는 남편의 월급날을 목 빠지게 기다린다. 월급 받은 지 한 달이 되기 전에 월급은 소리 소문도 없이 사라진다. 아이를 키우며 생활을 유지하는 데에도 돈이 들어갈 곳이 너무 많아 늘 부족하다. 그렇다면 남편은 어떠한가? 월급이 통장에서 거쳐 가는 기능만 할 뿐 남는 돈이 거의 없다. 매달 정해진 자동이체로 알람이 무섭게 울린다. 부인에게 몇 푼 안 되는 용돈으로 위로받으며 근근이 살아간다. 한 달 채우기 인생으로 전락해 버린 삶은 목적지 없이 흘러가는 대로 내버려 둔다. 하지만 이렇게 살아가는 사람들이 대부분인 게 사실이다.

늦었다고 생각할 때가 가장 빠르다
충북에 사는 53세 주부 박미숙 씨는 나의 책을 읽고 한 대 맞은 느낌이었다고 말했다. 그녀도 부동산에 관심은 있었지만 알아보려고 하지 않았다. 아이를 키우다 보니 남편의 월급으로는 감당이 되지 않아 빚을 내어 아이들에게 교육을 시켰다. 그러다 보니빚은 쌓여가고 점점 버거워지기 시작했다. 5년 전만 해도 큰 가게를 운영해서 돈도 많이 벌었지만 경기가 안 좋아져 가게를 접었다고 했다.

"대표님, 예전에 잘나갈 때 왜 부동산 투자를 안 했는지 후회가돼요."

열심히 번 돈은 다 사라지고, 빚만 쌓여 가고 있던 때에 그녀는정신이 번쩍 드는 책을 보게 되었다고 했다. 사실, 그녀뿐만 아니라많은 사람들이 이러한 이유로 나를 찾아온다. 그녀는 어렵게 마련한 종잣돈 1,500만 원을 들고 찾아왔다. 지금 너무 힘들지만 이제라도 해봐야겠다고 결심을 하고 〈경매 5주 과정〉에 등록했다.

그녀가 돈을 많이 벌던 시절에 부동산을 사 두었더라면 이 같은 상황을 맞이하지 않았을 거다. 부동산은 실물 자산이기 때문에시간이 흘러감에 따라 자산의 가치가 올라 시세 차익을 발생시키기 때문이다. 장사와 사업은 잘될 때는 돈을 벌어 좋지만 언제 어떻게 어려워져 돈을 잃을지 모른다. 그렇기 때문에 부자들은 돈을벌면 부동산에 많이 투자하고 싶어 한다. 자산을 크게 키워 주고늘려 주는 것은 부동산밖에 없다.

"늦었다고 생각할 때가 가장 빠르다."라는 말은 너무나도 공감

되는 말이다. 늦었다고 아무것도 안 하는 사람과 늦었지만 시작하는 사람과의 차이는 엄청나다. 전자는 고여 있는 물과 같은 사람이라면, 후자는 무한한 발전이 있는 사람이다. 언제 시작을 했느냐가 중요한 것이 아니라 행동으로 실천하는가에 따라 한 사람의 인생을 변화시킨다. 이제부터라도 남편의 월급에만 목매며 세월을 보내지 말고 꼬박꼬박 돈이 들어오는 '월세 통장'을 만들어야 한다.

경매는 새로운 탈출구를 만들어 준다

요즘 내가 운영하는 카페 〈한국부동산투자코칭협회〉에 과정 등록을 하는 사람들을 보면 20~30대가 압도적으로 많은 추세다. 예전에는 40~50대가 주(主)였다면, 이제는 젊은 사람들이 부동산에 관심을 많이 가지고 투자하기를 원한다. 나는 이러한 현상은 사람들이 자본주의 사회에서 살아남기 위해 자연스럽게 부동산 쪽으로 눈을 돌리고 있기 때문이라고 생각한다. 대학교를 졸업해도 취직이 쉽지 않아 아르바이트를 하면서 스펙을 쌓는 젊은 사람들이 많다. 또한 용돈과 생활비를 벌기 위해 하루에 아르바이트를 3~4개씩 하는 사람들도 많다.

여기에 최근 단기간에 최저 임금이 많이 오른 것도 악영향을 미쳤다. 영세 사장들이 인건비 지출을 줄이기 위해 어쩔 수 없이 피크타임에만 아르바이트를 고용하거나 직접 일을 하기도 한다. 때문에 시급이 많이 올라도 아르바이트 자리 자체가 줄어들고 있는 실정이다. 또한 실업률은 줄어들 줄 모르고 여전히 상승 중이다. 이 모든 현상은 현재 우리 사회의 현실이다.

경매는 소액으로 투자할 수 있는 장점을 가지고 있다. 이러한 매력 때문에 젊은층이 많이 투자를 하고 있다. 일찌감치 경매에 눈을 뜨면 좀 더 빨리 부자의 길로 들어설 수 있다. 경매는 새로운 탈출구를 만들어 주는 유일한 통로다. 작년까지만 해도 낙찰가율이 90%까지 육박하는 경우가 많았다. 경쟁률이 치열해서 낙찰을 받아도 시세 차익이 적었다.

요즘 잇따른 정부의 규제 정책으로 부동산 경기가 불황이다. 이때 사람들은 움츠리는 경향을 보인다. 이러한 경향은 낙찰가율이 낮아지는 추세로 이어진다. 때문에 이 시기에 소액 투자로도 일정 시세 차익을 기대할 수 있다.

대전에 사는 31세 직장인 김가윤 씨는 경기도 가평에 있는 아파트를 한 채 낙찰받았다. 매매가는 1억 원으로 시세는 1억 1,000만 원까지 형성되어 있었고, 보증금 1,000만 원에 월세 55만 원으로 매매가 대비 월세 수준이 높은 물건이었다. 대출 6,200만 원에 보증금 1,000만 원이 회수되면서 실투자금은 1,153만 원으로 책정되었다. 결국, 그녀는 8,353만 원에 낙찰을 받아 시세 차익까지 기대하게 되었다.

경매 투자에 많은 사람들이 관심을 쏟고 있다. 하지만 아직도 경매에 대해 잘 모르는 사람은 2,000만~3,000만 원으로는 투자를 하기가 힘들다고 생각한다. 실제로는 자본 운용을 잘해서 1,000만 원 미만으로 투자를 해서 돈을 버는 경우도 있다. 따라서 돈이 적은 사회초년생들도 경매 투자에 도전해 볼 가치가 있다. 소액으로 여러 채의 물건에 투자해 월세 수익을 얻을 수 있다. 계속해서 한 채씩 늘려 가다 보면 어느새 월세 통장이 만들어질 것이다. 매달 월급에서 빠져나가는 알람 소리가 아닌 세입자에게서 꼬박꼬박 돈이 들어오는 알람 소리를 듣게 될 것이다.

사람들은 방법을 찾으려고 노력하지는 않고 추상적인 생각만으로 미리 포기부터 한다. '적은 돈을 가지고 부동산 투자가 가능할까?'라는 생각을 버리고 어떻게 해서 돈을 벌 수 있을지에 대해 고민하고 생각해 봐야 한다.

평생직업,
부동산으로 준비하라

회사에 구속되지 마라

어릴 적부터 지긋지긋했던 가난은 어른이 되어서도 벗어나기가 힘들었다. 내가 할 수 있는 일은 주어진 월급을 받고 사는 것이 전부였다. 열심히 일을 해서 차곡차곡 모으면 부자가 될 수 있다고 생각했다. 하지만 세상은 호락호락하지 않았다. 나는 경제적인 자유를 얻기 위해 부동산 투자를 했다. 누구도 나에게 부동산 투자를 하라고 권하지 않았다. 나는 스스로 책을 보고 투자를 했다. 부동산은 평범한 삶을 새롭게 바꾸어줄 수 있다고 생각했기 때문이다.

내가 대구에 위치한 삼성전자 1차 하청업체에서 일할 때다. 그곳은 직원 수가 300명 정도 되는 회사였다. 제품이 잘 팔릴 때는 주말 없이 일해야 했다. 당시에는 주 6일을 근무하던 때였다. 하지만 내가 다녔던 회사는 사정에 따라 휴일이 없었다. 수출이 많은 날은 야근은 물론 주말도 반납하고 몸이 부서져라 일을 했다.

회사가 성장할수록 생산량을 더 많이 산출해야 했기 때문에 직원들은 고달팠다. 컨베이어 벨트를 가동시켜 작업을 해야 했기 때문에 몇 초 안에 자기 공정을 끝내야 했다. 더구나 바쁜 때에 컨베이어 벨트 속도를 높게 맞추어 놓으면, 고개 돌릴 틈도 없이 숨 가쁘게 작업을 해야 했다. 순간을 놓치면, 일감이 더미로 쌓였다. 그래서 화장실에 갈 시간도 없었다. 이러한 생활을 5년 동안 하니 내 몸은 서서히 고장나기 시작했다.

기계도 오랜 시간 사용하면 고장나서 버리기도 하고 새로운 부품을 갈아 끼워서 고쳐야 한다. 하물며 사람은 고통을 느낄 줄 아는 생명체다. 육체로 하는 노동에는 한계가 있기 마련이다. 우리의 몸은 노화로 인해 서서히 노동력을 상실하게 된다. 의사, 박사, 연구원, 교수, 교사 등의 전문직도 마찬가지다. 일단 사람이 출근하고 움직여서 돈을 버는 일은 모두 다 똑같다. 어떤 일이든지 몸이 아프거나 나이가 들면 생산적인 일을 할 수 없다.

몸이 너무 힘들어 하루 쉬려고 하면 반장한테 보고를 하고 허락을 받아야 했다. 다시 말해, 집안에 우환이 없는 한 예외 없이 무조건 출근해야 했다. 그렇지 않으면 회사생활을 소홀히 했다고 나중에 불이익을 받았다. 예를 들면, 비수기가 되어 인원 감축에 들어가면 1순위로 정리 해고를 당하게 된다. 그래서 연차 제도가 있어도 자신을 위해서가 아닌 회사 편리함에 따라 써야 했다. 비수기에는 무급처리로 쉬게 했다. 이때 연차로 대체해서 쉬게 하기도 했다.

휴대전화 액정 LCD를 만드는 그 회사는 일 년에 두 번 정도 비수기를 겪었다. 그때마다 직원들은 마음을 졸였다. 회사일이 힘들어 그만두고 싶다고 신세한탄을 해도 꼬박꼬박 나오는 월급과 보너스, 퇴직금이 위로해 주었다.

그때쯤 나는 부동산 투자를 접하게 되었다. 그리고 부동산 투자를 통해 생각이 많이 바뀌었다. 부동산 투자를 하기 전에는 '어떻게 회사를 빨리 그만둘 수 있을까?'라는 생각을 많이 했다. 하지만 내 소유의 부동산을 늘려 갈 때마다 행복했다. 이전과 똑같은 일을 해도 예전처럼 힘들지 않았다. 그때 사람의 마음이란 것이 참 간사한 것 같다고 느꼈다. 그렇게 힘들던 일이 새로운 희망이 보이자 삶이 즐거워졌다. 심리적인 부분이 안정되자 회사생활도 한결 편해졌다. 구속받지 않고 언제든지 떠날 수 있는 새로운 탈출구를 마련했기 때문이다.

미래를 스스로 창조하라

어떠한 일을 하더라도 남에게 월급을 받는 이상 늘 불안한 위치에 서 있다. 쥐꼬리만 한 월급을 받으면서 사장과 상사의 눈치를 보며 세월을 보낸다. 그렇게 시간이 흘러 40~50대에 퇴직한다. 불안한 생활을 하면서도 스스로 직장생활을 끝낼 방법을 찾지 못해 무작정 '어떻게 되겠지!'라는 희망 없는 생각으로 하루하루를 보내고 있다.

이제부터라도 자신의 삶을 이대로 방치해도 될지 점검해 봐야 한다. 무작정 세월을 보내다가 어느 순간 예기치도 못한 일이 일어난다면, 그 고통은 자신은 물론 가족에게까지 닿을 것이다.

직장생활은 수명이 짧다. 때문에 직장에 모든 에너지를 쏟기보다는 좀 더 젊고 건강할 때 부동산 투자를 시작해야 한다. 100세 시대에 살고 있는 우리는 미래를 바라볼 수 있어야 한다. 평균 수명이 눈에 띄게 늘어났지만 우리 사회는 그 속도를 미처 따라가지 못한다. 그래서 한창 일을 할 수 있는 나이에도 돈을 벌 수 있는 기간이 한정되어 있다. 평생직장이란 말은 옛말이 되었다. 지금은 스스로 미래를 창조해야 하는 시대다.

하지만 나는 평생직장은 없어도 평생직업은 가질 수 있다고 말할 수 있다. 우리는 돈을 벌 수 있는 도구를 알지 못하기 때문에 돈에 시달린다. 소중한 인생을 담보로 현실에 안주하며 한 달 월급에 만족하며 산다. 하지만 지금부터라도 미래는 스스로 만들어 나가야 한다.

알짜배기 부동산을 늘리는 데 집중하라

40대 김성연 씨는 금융기관에서 지점장으로 근무하고 있다. 아직 미혼인 그녀는 미래를 위해서 나름대로 부동산에 투자를 하고 있었다. 돈을 안전하고 빠르게 벌 수 있는 방법은 부동산이 가장 적합하다고 믿고 있었다. 하지만 그런 그녀도 실수를 했던 경험이 있다. 가까운 친척들이 제주도 땅에 투자해서 돈을 벌었다며 같이 투자하자는 말에 땅도 한 번 보지 않고 투자를 한 것이다. 결국, 그녀는 기획 부동산에 속아서 땅을 팔려고 해도 팔리지 않아 돈 5,000만 원이 묶여버리게 되었다. 하지만 그녀는 이 일을 계기로 방심한 스스로를 반성하면서 다시 부동산을 통해 회복하면 된다고 믿고 있다.

그녀는 대구 테크노폴리스 H아파트 38평짜리 한 채를 2억 7,000만 원에 샀다. 주변에 입주 물량이 많아서 잠깐 주춤했던 매매가는 2년이 지난 지금, 1억 원 정도 올랐다. 그녀는 아파트에 세를 놓고, 부모님과 함께 살고 있다. 금융기관에서 근무하는 그녀는 은행에 돈을 넣고 불리는 시대는 지나갔다는 것을 너무 잘 안다. 그래서 돈을 모으는 대로 부동산에 투자를 하고 있다.

그러던 어느 날 나를 찾아온 그녀는 "언니, 혹시 좋은 정보 있으면 저한테도 좀 주세요."라고 했다. 그때 마침 괜찮은 오피스 물건이 있어 소개를 시켜주었다. 소액이라 크게 부담되지 않아 추천했다. 나는 인터넷으로 쉽게 확인할 수 있게 정보를 줬다. 그렇게 해서 그녀는 오피스 두 채를 2,600만 원에 계약했다. 오피스는 실투자금이 적게 들어가고 대출이 잘되며 월세 수익률이 좋다.

부동산은 100만 원 단위로 적게 오르는 것이 아니기 때문에 부동산 투자를 한 사람과 안 한 사람의 차이가 엄청나다. 직장처럼 많은 시간을 투자하지 않아도 되고 육체노동을 하지 않아도 된다. 부동산은 죽을 때까지 수익을 창출해 주는 최고의 효자의 역할을 할 것이다. 알짜배기 부동산을 한 채씩 점차 늘려서 더 많은 부동산을 소유하는 데 집중하자. 지금까지의 삶과는 전혀 다른, 풍요로운 미래를 맞이할 것이다!

2,000만 원으로
인생을 바꿀 수 있다

"당신은 지금의 삶에 만족하는가?"

내가 이 질문을 하면, 다들 이상하게 볼 것이다. 실제로 내가
이 질문을 지인들에게 했을 때, 그들은 "살아야 하니까 산다."라는
말을 많이 했다. 사실 나 역시도 세상에 태어난 이상 물 흐르듯이
남들과 똑같이 결혼하고 아이를 낳고 먹고살기 위해 돈을 벌었다.
남들 하는 것을 다 하지는 못하지만 사회에 끼여서 지극히 평범하
게 살았다. 내가 할 수 있는 것과 할 수 없는 것이 정해진 한정적인
삶을 살다 보니 내가 보는 세상은 아주 작았다.

그러다 살면 살수록 돈이 얼마나 큰 존재인지 뼈저리게 느끼게

되었다. 돈이 있는 삶과 돈이 없는 삶은 사람을 강하게 만들기도 하고 약하게 만들기도 한다. 나는 돈 많은 부자가 되어 원하는 것을 다 하면서 살고 싶었다. 그러나 실제로 나처럼 가진 게 없는 사람이 부자로 살아가기는 힘들다.

나는 종잣돈 2,000만 원을 가지고 내 집 마련을 했다. 이때부터 나의 인생은 부동산 투자의 길로 들어서게 되었다. 단기간에 돈이 불어나는 것을 보고 본격적으로 부동산 공부를 시작했다. 당시에 나는 너무 돈이 벌고 싶었다. 결혼생활은 10년이 넘어 갔지만 저축은커녕 빚만 늘어 생활에 아무런 변화가 없었다. 마음 편하게 돈을 제대로 써본 적도 없었다. 그래서 돈을 절실하게 벌고 싶었다. '돈을 제대로 벌 수 있는 방법이 없을까?' 하는 고민으로 가득했던 당시의 나는 아파트를 통해 시세 차익을 경험하게 되면서 집중적으로 투자에 나섰다.

종잣돈 2,000만 원이 나를 살린 역할을 한 것이다. 남들이 보면 적은 돈일 수도 있지만 당시의 나에게는 전 재산이었다. 아파트를 마련한 목적은 단지 가족과 편안하게 살기 위해서였는데, 그것은 내가 가만히 있어도 내 자산을 불려 주고 있었다.

보통 사람들은 아파트 가격이 올라도 '그런가 보다', '올라서 기분 좋다'라는 정도지 '부동산 투자를 해 봐야겠다'는 생각은 하지 않는다. 여기서 행동을 하는 사람과 그렇지 않은 사람의 차이가 난다. 부자가 되고 안 되고는 자신의 판단에 의해서 달라진다. 진정 현실을 변화시키고 부자가 되고 싶은 사람은 끊임없이 현실을 헤쳐 나갈 도구를 찾는다.

일부 사람들은 "왜, 다들 부동산 투자가 좋은데 투자를 하지 않죠?"라고 말한다. 많은 사람들은 부동산을 많이 갖고 싶어 하고 부자가 되고 싶어 하지만 '나도 될까? 괜히 돈만 잃는 건 아닐까? 저 사람이니까 가능한 거지?'라는 의문이 꼬리에 꼬리를 문다. 그러면서 한 발짝도 움직이지 못하고 그 자리에 주저앉아 버린다. 실제로 이런 생각을 하는 사람들이 대다수다. 하지만 진짜 부자가 되려는 사람들은 이런 쓸데없는 걱정을 하지 않는다. 자신만의 생각에 갇혀서 움직이지 못하는 사람은 보통사람일 뿐이다.

자신감을 가져라

작년 8월에 30대 직장인 양태진 씨가 내 책을 읽고 문자를 보내 왔다. 이직하면서 퇴직금으로 2,000만 원의 목돈이 생긴 그는 몇 푼 안 되는 이자를 받기 위해 은행에 넣어 두는 것을 꺼려했다. 그러다 나의 저서 《나는 월급 150만 원으로 7채 집주인이 되었다》를 읽고 투자 방향을 잡기 위해 나에게 컨설팅을 신청해 왔다.

컨설팅을 하기로 한 당일에 양태진 씨는 보이지 않았고 그의 부인이 나타났다. 남편이 이직한 직장이 타 지역이라 시간을 맞추지 못해 부득이 하게 본인이 오게 되었다고 했다. 그녀는 셋째 아이 출산을 앞둔 주부였다. 나는 상담을 통해 어떻게 하면 돈을 벌 수 있는지와 앞으로의 방향을 잡아 주었다. 그러자 그녀는 조금씩 관심을 갖기 시작했다. 보통 주부들은 목돈을 은행에 넣어 두면, 이런저런 일들로 돈을 손쉽게 찾아 쓰게 되어 흔적도 없이 사라질 것이라는 것을 너무도 잘 안다. 가정 살림하는 주부라면 다들 공감할 것이다.

컨설팅을 끝내고 20분이 지날 쯤, 그녀에게서 연락이 왔다. 경매 과정 수업에 등록을 하겠다고 했다. 그렇게 등록을 하고 수강 전에 받는 교육을 안내했다. 출산을 3개월 앞둔 상태인데도 그녀는 직접 교육을 받았다. 임신을 해서 그런지 초반에는 경매에 집중을 잘 못했다. 그래서 담당 코치의 애를 태우기도 했다. 하지만 수업이 점차 진행되면서 달라지기 시작했다. 과정 1주 만에 시세 6,000만 원의 서산 아파트를 4,210만 원으로 낙찰에 성공했다. 8월 28일에 낙찰받고 9월 17일에 대출 90% 실행으로 실투자금 160만 원이 들어갔다. 그렇게 9월 28일 명도 완료를 했다. 이 모든 과정이 한 달밖에 걸리지 않았다.

그녀는 낙찰을 받고 성취감과 자신감이 많이 생겼다. 자신이 직접 물건을 골라서 권리 분석과 시세 조사 등 낙찰받기까지 모든 과정을 경험했기 때문에 자신감이 생기는 것은 당연하다. 지금 그녀는 다음 낙찰받을 물건을 준비 중에 있다. 이번에는 남편과 같이 경매에 더 집중하기로 했다. 꾸준하게 수익 나는 물건을 늘려

간다면 이 부부는 몇 년 되지 않아 안정적인 투자로 아이들과 행복한 시간을 보내게 될 것이다.

부정적인 사고를 버려라

"만약 2,000만 원으로 인생을 바꿀 수 있다면, 당신은 어떻게 하겠는가?"

많은 사람들에게 이 질문을 하면, "어떻게 그게 가능해요?"라면서 의심부터 한다. 하지만 경매 투자를 하면 가능하다. 보통 사람들은 부정적인 사고를 먼저 떠올리기 때문에 행동하지 않는다. '안 된다'는 생각을 먼저 깔고 있기에 2,000만 원마저 잃어버리지는 않는지 걱정부터 앞서는 것이다.

아무것도 안 하고 가만히 있는 것이 돈을 버는 거라고 생각하면 큰 착각이다. 우리가 살고 있는 사회는 물가는 오르고 돈의 가치는 떨어지고 있다. 2,000만 원을 그대로 넣어두면 나의 자산 가치는 점점 추락하게 되지만, 부동산에 투자하면 인플레이션에 강한 나의 자산의 가치는 물가 상승률에 따라 함께 상승한다. 그러므로 수요와 공급에 따라 더 많은 수익을 얻을 수 있다.

돈이 없다는 말만 하지 말고 돈을 벌려는 행동을 해야 한다. 가만히 있는 사람에게 도움의 손길은 오지 않는다. 부동산 투자는 알면 알수록 더 큰 세상을 보게 해준다. 부동산에 대한 확신을 가지고 투자를 한다면, 기대 이상의 결과를 만나게 될 것이다. 인생을 바꾸는 데는 돈이 많고 적음의 문제가 아니라 자신의 마음에 달려 있다. 부자가 되겠다는 의지를 가지고 목표를 세우고 노력을 할 때에 자신의 환경과 세상도 달라지고 변한다.

당신도 2,000만 원으로 충분히 인생을 바꿀 수 있다. 자신을 의심하지 말고 믿음으로 나아간다면 불가능은 없다. 이보다 더 안전하고 자산을 늘려 주는 투자는 어디에도 없다. 몰라서 안 하면 어쩔 수 없지만, 알고 하지 않는다면 정말 그 사람은 부자로 살아갈 마음이 없는 것이다. 평생 돈에 허덕이며 신세한탄만 하다가 끝나게 된다. 돈이 없는 사람이 인생을 바꿀 수 있는 길은 부동산 투자다. 명심하라! 당신도 얼마든지 인생을 바꿀 수 있다.

부동산을 모르면 절대로
부자가 될 수 없다

부동산 투자는 내 인생의 빛이다

우리는 어린 시절부터 공부를 잘해야 부자로 살 수 있다고 교육을 받았다. 공부를 못하면 "너도 엄마처럼 살래?"라는 말은 기본으로 들어야 했다. 대부분의 부모들은 "너희들 잘살라고 공부를 시키는 거야."라는 말을 입에 침이 마르도록 한다. 공부를 안 하면 가난하게 살게 된다는 압박감을 어릴 때부터 잠재의식 속에 주입시킨다. 그렇게 우리는 부모들의 요구와 본인의 욕구로 인해 '공부'만이 살길인 것처럼 삶을 살아간다.

보통 사람들은 대학이 전부인 것처럼 중·고등학교 시절에 공부만 하면서 보낸다. 하지만 좋은 대학에 들어가도 삶은 크게 달라지지 않는다. 공무원, 의사, 교사, 법조인 등이 되려고 돈과 시간을 쏟는다. 부모들은 열심히 돈을 벌어 자녀들에게 올인한다. 심지어 집을 팔아 학비를 대면서 지원해 주는 부모들도 많다. 자녀를 성공시키기 위해서 힘든 일도 마다하지 않는다. 자신보다 더 나은 삶을 살게 해주기 위해 아낌없이 밀어 준다. 돈이 없는 부모는 자식에게 죄인이 된 심정으로 마음이 괴롭다.

어린 시절의 나는 너무 가난해서 주경야독으로 공부해 고등학교를 졸업했다. 그래도 나는 스스로 돈을 벌어 부모님께 보탬이 된다는 것에 만족해하며 행복했다. 낮엔 일을 하고 밤엔 공부를 했던 하루하루는 정말 힘들었다. 당시 나는 돈이 없으면 인생이 고달프다는 것을 뼈저리게 느꼈다. 어린 내가 할 수 있었던 것은 주어진 하루를 무사히 잘 보내는 것밖에는 없었다.

가난한 환경은 어른이 되어도 쉽게 달라지지 않았다. 뿌리 깊은 나무처럼 나를 꽉 붙잡고 놓아주지 않는 기분이었다. 아무리 발버둥쳐도 꽁꽁 파묻혀 벗어나질 못했다. 점점 자존감은 추락하고 사람들을 만나는 것이 불편해졌다.

절대 벗어나지 못할 것 같았던 가난한 삶에서 조금씩 빛이 비치기 시작한 것은 부동산 투자를 만나면서부터다. 사람은 죽으라는 법은 없는 것 같았다. 부자로 살고 싶었고 살기 위해서 무던히도 애를 썼다. 가난에서 벗어나려고 항상 마음속에는 새로운 것을 찾고 있었다. 그런 나의 욕망이 부동산 투자라는 것을 알게 되었고 나를 끌어당겼다. 별다른 생각 없이 사는 대로 살았으면 아마도 나는 눈앞에 기회가 와도 잡을 수 없었을 것이다.

욕심을 버리고 차근차근 도전하라

나는 대구광역시 북구에 위치한 34평 신축 아파트를 분양받았다. 당시에는 미분양이었지만 계약금 10%를 걸고 계약했다. 미래 가치를 보고 투자했다. 그리고 2018년 10월에 입주 시즌이 다가왔다. 하지만 현 정부가 들어서면서 주택시장에 각종 규제 정책이 계속해서 쏟아지고 있어 주춤한 시기였다. 북구에 노후된 아파트가 많아서 사람들이 신축 아파트를 선호하는 현상이 뚜렷하게 나타나고 있었다. 그래서 신축 아파트는 세입자가 바로 구해졌다. 보증금 5,000만 원에 월세 75만 원으로 계약을 했다. 분양가가 3억 3,000만 원대인 아파트를 사면서 내 돈은 3,300만 원 들어갔다. 이렇게 적은 돈으로 신축 아파트 소유권을 가질 수 있었던 것은 시세 확인과 주변 환경을 잘 파악했기 때문이다.

10년이 넘은 아파트 매매가보다 분양받은 아파트 가격이 더 낮았다. 나는 분양받으면 틀림없이 가격이 오를 거라고 확신했다. 내가 산 아파트는 6·19 부동산 대책 이전이라 규제를 피할 수 있었다. 정부가 규제의 칼을 뽑아들기 전인 사실상 '규제프리' 시기였다. LTV(주택담보대출비율)는 지금보다 10%가 더 높은 70%를 받을 수 있었다. 그리고 KB국민시세(매월 국민은행에서 조사하는 시세로, 대부분의 금융기관에서 사용하는 기준이 되는 시세)가 분양 시점이 되자 가격이 올라 대출을 받을 수 있는 금액이 더 커졌다. 지금은 규제가 시행되어 서울의 경우 40%, 강남 다주택자의 경우가 제한되었다.

규제가 시행되기 전에는 분양을 받아서 내 돈을 얼마 들이지 않고 추가 매입이 가능했다. 하지만 규제 후에 분양권을 산 사람은 LTV 적용이 10% 떨어져서 자기부담이 컸다. 거기에 뒤늦게 전매를 하다 보니 프리미엄까지 추가로 돈이 들어가게 되었다. 앞으로 가격이 더 오르기 때문에 손해를 보지는 않지만 더 많은 돈을 벌 수 있는 기회는 놓치게 된 것이다.

부동산은 정보를 제대로 알고 미리 부동산 가치를 보는 안목을 기르며 돈을 버는 시스템이다. 돈이 별로 없는 사람은 서울에서는 각종 규제로 사실상 투자를 하기가 힘들다. 하지만 지방으로 눈을 돌려서 자신에게 맞는 투자를 하면 된다. 지방에서는 큰돈을 한꺼번에 벌기는 힘들다. 우리가 투자하는 돈 역시 크지는 않다. 처음부터 너무 큰 욕심을 버리고 자신의 투자금에 맞추어서 차근차근해 나가면 점차 안목도 높아지고 많은 돈을 벌게 될 것이다.

남들과 똑같은 마음가짐으로는 절대 부자가 되지 못한다

정부는 부동산 집값 과열 양상이 일어나면 언제든지 규제라는 칼을 뽑아든다. 하지만 규제가 시행되더라도 무조건 손을 놓고 기다리면 안 된다. 위기 속에서도 기회는 언제든지 존재한다. 단지 사람들이 겁을 잔뜩 먹고 제대로 보려고 하지 않을 뿐이다. 지금도 정부에서 강력한 규제 정책으로 부동산을 압박하고 있지만, 많은 투자자들은 이때 알짜 매물을 찾아다니며 꾸준하게 투자를 하고 있다. 남들과 똑같은 시선으로 부동산을 바라보고는 절대로 부자가 되지 못하는 것을 명심하자.

나는 경매나 급매물 위주로 물건을 알아본다. 부동산 경기가 위축되어도 부동산 가격을 어느 정도 커버해 줄 수 있으면 손해 볼 일이 없기 때문이다. 조급한 마음만 버리면 충분히 좋은 물건을 잡을 수 있다. 한 가지 팁으로, 평소 여러 부동산 소장님과 친분을 쌓으면 좋다. 급작스럽게 나온 좋은 매물이 생길 때, 가장 먼저 연락을 주시는 경우도 많기 때문이다.

6·19 대책으로 큰 효과를 못 본 정부는 잇따라 8·2 대책을 내놓았다. 8·2 대책은 세금, 대출 등 "규제 종합선물세트"라는 말이 나올 정도로 강력했다. 사람들은 눈치를 보느라 부동산 투자로 매수하려는 경향이 적었다. 이후, 사회적으로 각종 비판적인 이야기가 나오기 시작했다. 사회 분위기를 타서인지 그제야 급매물이 하나씩 나왔다. 그때 나는 대구 성서 소형 아파트를 급매로 1억 5,500만 원에 구입했다. 부동산 규제가 시행되기 전에는 1억 8,000만~1억 9,000만 원까지 거래가 되던 곳이었다. 그곳은 역세권, 대형마트, 관공서, 학군까지 인프라가 잘 갖추어져 있었다.

수요가 많다 보니 전세가율은 90%가량 높았다. 그러나 나는 대출을 받지 않고 전세로 돌렸다.

소액으로도 충분히 부동산을 소유할 수 있다. 이때 중요한 점은 국토교통부 기준 3년 정도의 실거래가의 패턴을 확인해야 한다는 것이다. 만약, 일시적인 상승으로 90%의 전세가율이 형성되었다면 투자를 해선 안 된다. 반대로 수요가 많아서 전세가율이 높은 경우에는 나중에 매매가격 상승으로 이어질 확률이 높다. 이런 방식을 이용한다면, 소형 아파트를 하나씩 장만할 수 있을 것이다.

사람들은 언론을 통해 정책을 접하면 지레 겁을 먹는다. 흔히 기사를 보면 지표를 이용해서 집값이 반토막 나는 것처럼 보이게 한다. 하지만 부자들은 절대로 기사나 매스컴의 정보에 따라 행동하지 않는다. 참고만 할 뿐이다. 스스로 공부하고 정보를 수집하고 판단해야 한다. 남들과 같은 생각과 행동은 버려야 한다. 미래를 위해서 현 정부가 정책을 잘 쓰든 못 쓰든 신경 쓰지 말자. 내 자산을 잘 지키고 늘리는 데에만 초점을 맞추자.

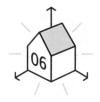

돈이 없을수록 부동산 투자를
해야 한다

저축으로는 부자가 될 수 없다

돈 걱정 없이 하고 싶은 일을 하면서 살 수 있는 방법은 부동산 투자밖에 없다. 경제적 여유와 시간적 자유를 누릴 수 있게 해주는 재테크는 부동산이다. 부동산 투자는 인생역전으로 만들어 줄 수 있는 유일한 도구다. 지금껏 살아오면서 당연하다고 받아들인 가난한 생각과 습관에서 벗어나자. 그래야 지금의 삶에서 벗어날 수 있다.

돈이 없으면 더 많이 벌려고 노력을 해야 되지만 대부분의 사람들은 그렇지 않다. 돈을 아끼려고만 한다. 안 먹고 안 쓰면서 저축을 하려고 안간힘을 쓴다. 하지만 그렇게 애를 써서 모아도 별반 차이가 없다는 것을 느낄 것이다. 아무리 저축을 한다고 해도 예상치 못한 일로 돈이 나가기 때문이다. 이런 생활은 보통 서민들이 다 겪고 있는 현실이다. 이렇게까지 아끼지 않는다면 대출을 받아서 문제를 해결해야 하기 때문이다. 행복해지려고 돈을 벌고 있지만 결코 행복하지 않다. 그렇다고 해서 다른 무언가를 찾지도 않는다. 경제적으로 항상 쪼들린 삶에 익숙하다 보니 운명이라고 받아들이는 것이 더 마음이 편하기 때문이다.

행동하지 않는 사람에게 미래는 없다

서울에 사는 54세 간호조무사 조영숙 씨가 나에게 컨설팅을 신청했다.

"대표님, 제발 도와주세요. 돈 많이 벌어서 지금 상황에서 벗어나고 싶어요."

"열심히 할 자신 있어요? 그럼 제가 도와드리겠습니다."

"네, 열심히 배우겠습니다."

책을 좋아하는 그녀는 서점에 자주 들러 여러 종류의 책을 많이 읽는 편이라고 했다. 그러던 중, 내 책이 눈에 띄어서 읽게 되었고 정신이 번쩍 들어 찾아왔다고 말했다. 얼마 전까지만 해도 형편이 괜찮았던 그녀는 생활에 별 어려움을 겪지 않았지만 아이들을 교육시키고 나니 모은 돈은 없고 빚만 지게 되었다. 노후생활이 불안하면서도 형편은 자꾸 기울다 보니 소심해지고 심지어 사람들을 만나기도 싫어지게 되었다.

지금은 돈을 벌기 위해 요양원에서 중증환자들을 돌보는 일을 하고 있다. 매일 그녀는 환자들의 욕창, 가래, 종기, 약봉지 등 그리 유쾌하지 않은 상황에 맞닥뜨려야 했다. 그래서 매일 '언제 그만두면 좋을까?'라고 고민한다고 했다. 하지만 당장 그만두면 생계에 위협을 받기 때문에 쉽게 결정할 수 없었다.

그녀는 자신의 처지를 이야기를 하면서 눈물을 흘렸다. 이런 이야기가 비단 그녀만의 일일까? 이런 상황에 놓인 사람들은 무수히 많을 것이다. 나 역시 어려운 시절을 겪었기 때문에 마음이 몹시 아팠다.

"가진 돈이 2,000만 원밖에 없는데, 투자를 할 수 있어요?"

"걱정 마세요. 경매는 돈이 없는 사람이 하기에 좋아요."

부동산 투자는 다양하게 돈을 벌 수 있다. 이런 사실을 모르는 사람은 돈이 많아야 부동산 투자를 할 수 있다고 생각한다. 돈이 없다면 돈을 더 버는 데에 초점을 맞추고 행동을 해야 한다. 무작정 아끼는 게 능사가 아니다. 언제까지 다람쥐 쳇바퀴 인생을 살순 없다. 제일 먼저 가난한 생각과 습관을 버리자. 그래야 자신의 주변 환경이 바뀌게 된다. 돈이 없다면 내가 왜 돈이 없는지, 지금 이대로 살아도 되는지, 돈을 더 벌 수 있는 방법이 없는지에 대해서도 자신에게 끊임없이 물어봐야 한다. 이 모든 문제는 자신에게서 비롯됐기 때문이다. 명확한 답이 나올 때까지 자신을 돌아보는 과정을 거치다 보면 하나씩 답을 찾게 될 것이다. 그리고 그 답은 항상 행동이라는 것을 알게 될 것이다. 행동하지 않는 사람의 미래는 지금과 다르지 않을 것이다.

부동산 투자보다 안전한 재테크는 없다

지인 이주리 씨는 영구 임대 아파트에서 신혼생활을 시작했다. 많은 사람들이 그렇듯, 그녀 역시 내 집 마련이 꿈이다. 그래서 남편과 뼈 빠지게 일을 하고 있지만 월급으로는 먹고살기에도 바빴다. 그러다 그녀는 둘의 월급을 모아서는 집을 살 수 없다는 것을 깨달았다.

이주리 씨는 이대로 있다가는 내 집 마련이 물거품이 될 것 같다는 생각에 다른 방향으로 눈을 돌렸다. 그녀는 은행에서 대출을 받아 소형 아파트를 샀다. 그리고 2년 뒤에는 집값이 올라 조금 더 넓은 평수의 아파트로 갈아탔다. 그렇게 그녀는 시세 차익을 얻은 경험을 통해 부동산에 재미를 붙였다. 친구들은 그녀에게 "남편 혼자 버는데 무슨 돈이 있어서 하고 싶은 것 다하면서 살아?"라고 물어보기까지 했다. 예전에는 돈이 없다고 앓는 소리를 하던 사람이 수시로 가구를 바꾸고, 외관이 눈에 띄게 달라졌기 때문이다.

보통 이주리 씨와 같은 상황에 놓인 사람들은 임대 아파트에 계속 살면서 돈을 모으지, 대출을 받아 이자를 내면서 집을 사기를 꺼려할 것이다. 당장 큰돈을 안 쓰고, 지금의 생활을 유지할 수 있기 때문이다. 하시만 사람은 환경에 적응하는 동물이다. 다시 말해, 지금 살고 있는 환경에 적응하며 그 수준에 맞게 생활한다는 것이다. 따라서 지금의 생활에 만족하고 유지하길 원한다면, 발전적으로 나아가질 못한다. 자기의 눈높이보다 더 높은 목표를 설정하고 그에 맞는 행동을 해야 자연스레 발전하게 되는 것이다.

돈이 없을수록 부동산과 친하게 지내야 한다. 돈이 없는 사람은 돈 버는 곳에 관심을 두어야 한다. 갑갑한 인생에서 벗어나고 싶다면 부동산 투자를 눈여겨보자. 이자 몇 푼에 벌벌 떨면서 아끼는 데만 집중하지 않는지 확인해 보길 바란다. 더 큰 그림을 그리면서 미래의 가치를 볼 줄 알아야 부자가 된다. 부자로 사는 사람과 그렇지 못한 사람은 생각과 행동에서부터 차이가 난다. 대부분의 사람들은 돈이 없어서 투자를 못한다고 한다. 하지만 내가 볼 때에는 돈이 없어서가 아니다. 변화가 두려워 익숙한 삶에 안주하려는 것뿐이다.

돈에 대한 욕심을 가져야 부자로 살아갈 수 있다. 단순 욕심이 아닌 경제적 자유와 시간적 자유를 확보할 수 있는 선한 욕심을 가져야 한다. 돈이 없다고 아무것도 하지 않는다면 삶이 점점 더 고달프고 힘들어질 것이다. 돈이 없다고 자책하기 전에 돈을 벌기 위한 행동을 먼저 하길 바란다. 부동산 투자보다 안전하고 빠른 재테크는 없다.

부동산 투자 레버리지를 활용하라

주도적으로 레버리지를 활용하라

사업을 하는 사람들은 자신의 전 재산을 충당하며 경영하지 않는다. 대기업도 마찬가지다. 은행에서 돈을 빌려 그 돈으로 회사를 키워 나간다. 이는 남의 돈을 잘 활용할 줄 알아야 성공할 수 있다는 말이다. 이를 흔히 '레버리지 효과' 또는 '지렛대 효과'라고 한다. 타인의 자본을 지렛대처럼 이용하여 자기 자본의 이익률을 높이는 것이다. 부동산 투자에서는 은행의 대출금과 임차인의 보증금이 있다.

부동산 투자를 하다 보면 남의 돈을 이용하게 된다. 돈이 부족해서 이용하기도 하지만 수익률을 높이기 위해 활용하기도 한다. 적은 돈을 가지고 돈을 빌기 위해서는 레버리지를 최대한으로 이용해야 한다. 그래야 수익률을 높일 수 있다. 한편, 남의 돈을 이용해서 자기 돈 한 푼 들이지 않는 소위 '무피투자'도 있다. 레버리지를 알면 알수록 부동산 투자의 매력에 빠져들게 된다. 돈이 없어서 투자를 하지 못한다고 생각하는 사람들의 고정관념을 깨주기 때문이다. 정말 투자를 잘하는 사람은 남의 돈을 잘 이용하는 사람이다.

경기도에서 직장생활을 하고 있는 34세 강애란 씨는 자산이 적어 약간 위축되어 있었다. 나는 그녀에게 경매에 대한 투자 방향을 잡아 주었다. 그리고 그녀는 내가 운영하는 경매 과정 수료 한 달 만에 충북 제천에 있는 아파트 한 채를 낙찰받았다. 감정가 4,900만 원에 시세는 5,000만 원이었고, 낙찰가는 3,750만 원이었다. 당시 그녀는 2,600만 원의 대출을 이용했다. 이후, 세입자를 구해 보증금 1,000만 원에 월세 30만 원으로 세를 주었다. 지금은 대출이자 3.7%를 내고 월 수익 22만 원을 받는다. 투자한 실제 자본은 150만 원으로, 매달 월세 수익을 받으며 1,000만 원이 넘는 시세 차익을 얻은 것이다.

그녀가 낙찰받은 물건은 아파트 주민들이 5,000만 원 이하로 내놓지 않는다고 했다. 그곳은 실거주자가 많고 월세가 나오면 금방 빠지기 때문에 임대 수익으로 괜찮았다.

반면에 레버리지를 활용한다고 무작정 싸다고 낙찰을 받으면 돈이 안 되는 물건을 만날 수 있다. 투자를 하는 목적은 싸게 사서 최대 수익률을 보기 위함이다. 따라서 항상 입찰 전에 조사를 철저하게 해야 한다. 경매는 오픈되어 있는 시장이기 때문에 경매 기술을 제대로 배운다면 문제없이 잘할 수 있다.

아직도 사람들은 대출을 받아 부동산을 사는 것에 부담을 느낀다. 대출을 받으면 빨리 갚기 위해 돈을 모으는 대로 청산하려고 한다. 그래서 내 집 마련을 하고 싶어도 돈이 빨리 모이지 않아 애만 태우고 집값만 떨어지기를 바라고 있다. 이러한 생각과 행동은 더욱더 가난하게 만드는 아주 무서운 생각이다. 대출이란 제도는 우리에게 많은 혜택을 주고 도움을 주는 제도다. 대출을 멀리 하면 부자에서 점점 멀어지게 되는 것이니 유념하자.

영국에서 가장 부유하고 성공한 기업가 롭 무어는 30대 중반이라는 젊은 나이에 경제적 자유를 가진 사람이다. 그는 건축을 전공했지만 술집을 운영하다가 화가로 활동을 했으며, 현재는 부동산 사업을 하고 있다. 그는 레버리지를 깨달은 지 1년 만에 경제적 자유를 얻었다고 한다. 부를 얻기 위해서는 단순히 열심히 일만 한다고 되는 것이 아니다. 남의 시간과 돈을 이용하는 것이 중요하다.

직장인들은 열심히 일해 번 돈으로 대출금을 갚으면서 살아가고 있다. 끝이 보이지 않는 터널을 계속 달리는 기분으로 신세한탄하면서 매일 같은 일상을 반복한다. 나는 그들에게 묻고 싶다. "언제까지 돈만 갚으며 지루한 일상을 반복할 것인가?"

매일 같은 일상이 지루해서 돈 버는 방법을 제대로 배우려고 하는 사람이 얼마나 될까. 많은 사람들은 현실의 삶에서 벗어나고 싶어 하지만 실제로는 전월세를 살면서 집주인에게 레버리지 역할을 해주며 살고 있다. 앞서 언급한 레버리지의 역할이 뒤바뀐 것이다. 후회하는 삶을 살지 않기 위해서는 타인의 의도에 따라 레버리지를 당하기보다는 자신이 주도적으로 레버리지를 활용하는 것이 중요하다.

실행력이 부를 만든다

내 친구는 집을 사겠다고 꾸준히 적금을 붓고 있다. 쥐꼬리만 한 이자를 받으면서 꼬박꼬박 은행에 돈을 넣었다. 돈을 모으는 속도는 너무 느렸고 집값은 쉴 새 없이 올랐다. 당시에 나는 담보 대출을 이용해서 집을 샀지만 친구는 빚지는 것이 싫어서 집을 사지 않았다. 그 후 1년이 지나면서 친구는 전세 보증금을 올려주기 위해 적금을 깨야 했고, 내 집값은 올라 자산 가치가 상승했다.

"선영아, 지금이라도 대출받아서 집을 사! 언제까지 돈만 모으려고 그래. 버는 돈보다 집값이 더 많이 오르는데…. 잘 생각해 보고 판단해."

"사실 남편이 예전에 나 몰래 빚을 내서 주식을 하다가 힘들었던 적이 있어서 돈 빌리는 것을 싫어해."

친구는 남편 때문에 마음고생을 많이 했다. 그래서 은행에서 대출받는 것에 많이 민감해했다. 이제라도 대출을 받아 집을 사고 싶은 마음이 있었지만 남편을 설득하지 못해 마냥 미루고 있었다. 결국 집을 사지 않았고 지금도 여전히 전셋집에 살고 있다. 나는 2,000만 원으로 5배 이상의 수익을 냈지만 친구는 전세금을 집에 묶어두었기 때문에 자산이 고정되었다. 오히려 물가 상승률을 반영한다면 손해를 보고 있는 것이다. 만약, 친구가 은행의 힘을 빌려 집을 샀다면 대출이자를 내고도 자산이 많이 늘어났을 것이다.

혹여, 담보 대출을 끼고 집을 마련했지만 그것으로 인해 부채가 늘었다고 생각하면 안 된다. 은행에 적금을 붓는 것이 아니라 자신이 직접 부동산에 적금을 넣는다고 생각해야 한다. 먼저 돈을 당겨 쓰고 갚아 나가면 된다. 간단하게 순서만 바뀌는 것이다. 돈을 모아서 집을 사는 것이 아니라 먼저 집을 사고 갚아나가는 것이다. 시간과 가치에 따라 상승하는 집값은 금세 빌린 금액을 채울 수 있을 뿐만 아니라 나의 자산을 늘려 주게 될 것이다.

부자는 대출을 두려워하지 않는다

초보 투자자들은 대출에 대한 부정적인 인식 때문에 자기 자본으로만 투자를 하려고 하는 경향이 있다. 그러나 실제는 자신의 돈은 적게 들어가되 대출을 많이 받을 경우에 수익률이 높다. 은행의 대출을 너무 어려워하고 두려워할 필요는 없다. 우리는 은행을 이용하고 활용해서 정당한 이자를 지불하면 아무런 문제가 없기 때문이다. 은행과 친하게 지내게 되면, 돈을 불리는 데 많은 도움을 받을 수 있다는 사실을 알게 될 것이다. 부자들은 대출을 좋아하고 언제든지 필요할 때 이용한다.

보통 사람들은 은행을 적금과 저축을 하는 안전한 기관으로, 내 돈을 지켜주고 있다고만 믿는다. 그래서 은행에다 차곡차곡 전 재산을 넣어두고 있다. 하지만 부자들은 자신의 자산을 늘리는 데에 초점을 맞춰 은행을 마음껏 이용한다.

정말 부자가 되고 싶다면, 레버리지를 활용해서 부동산 투자를 해야 한다. 부자가 될 수 있는 도구를 제대로 사용하면 얼마든지 행복한 삶을 살 수 있다. 더 이상 돈을 모으는 데만 집중하지 말고 소유한 돈을 가지고 어떻게 자산을 늘릴지에 관심을 가져야 한다. 누구든지 레버리지를 수용하면 시간과 돈을 벌 수 있는 최고의 기회를 갖게 된다. 지금까지 많은 시간을 바쳐 노동력으로 돈을 벌었다면 이제는 남의 시간과 돈을 이용해서 부를 창출해야 한다. 당신의 실행력이 부를 만든다.

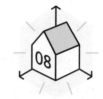

부동산 투자는
최고의 맞벌이다

긍정 에너지로 미래를 대비하라

"몸이 재산이다"라는 말을 한번쯤 들어 봤을 것이다. 보통 어른들이 젊은 사람들에게 이 말을 많이 하신다. 건강해야 무슨 일이든지 해서 먹고살 수 있기 때문이다. 몸이 아프면 먼저 생계에 위협을 받게 된다. 누구나 건강이 제일 중요하다는 것을 알고 있다. 우리의 몸은 어떤 일을 하느냐에 따라 건강이 빨리 망가지기도 하고 잘 유지하기도 한다.

직장인들은 회사에서 시키는 일을 의지와는 상관없이 해야 한다. 이는 육체적인 노동에서 그치지 않는다. 정신적인 고통에도 노출되어 있는 직장인들이 다반사다. 다양한 직종에 종사하고 있는 직장인들은 가족의 생계를 위해서 고군분투하고 있다. 이런 상황에서 몸이 아프면 정말 큰일 난다. 내 몸이 움직이지 않으면 수입이 끊기기 때문에 건강관리에도 신경을 써야 한다. 하지만 돈이 없는 사람들이 건강을 챙겨 가면서 일을 하기는 힘들다. 자본주의 사회에서는 치열한 경쟁에서 싸워 이겨야 자신의 밥그릇을 챙길 수 있다.

2015년 10월에 남편이 대장암 3기말 진단을 받았다. 청천벽력과 같은 의사의 한마디에 눈앞이 캄캄해지고 하늘이 무너지는 느낌이었다. 나에게 또 다른 시련이 찾아온 것이다. 그래도 살아내야 했기에 더 강해지기로 마음을 먹고 남편을 챙기며 가정을 이끌었다. 이때까지 힘들고 어려운 일도 많았지만 사람이 아프면 아무것도 할 수 없다는 것을 깨닫게 되니 삶이 참 허무하다고 느껴졌다. 그렇게 아등바등 살다가 이제 빚도 어느 정도 정리를 하고 밥은 먹고 살겠거니 했는데 또 다시 가시밭길이 펼쳐질 줄은 몰랐다. 인생이란 한 치 앞을 볼 수 없다는 말을 절감하는 순간이었다. 지금 그때를 떠올리면 '어떻게 견뎌 냈을까?' 하는 생각이 든다.

암이라는 것은 모든 경제 활동을 멈추게 만들었다. 정상적인 일과 생활에 많은 제약이 따랐다. 남편은 더 이상 직장생활을 할 수 없게 되었다. 나는 경제적인 부분을 혼자서 감당하고 책임을 져야 하는 가장이 되었다. 남편을 살릴 수 있다면 얼마든지 감내하면서 헤쳐 나갈 수 있다는 생각으로 나 자신을 더 굳건히 다졌다. 그러나 나보다 더 힘들어했던 사람은 바로 남편이었다. 암과 싸우는 남편은 죽음과의 사투를 벌이기 때문에 몸이 아픈 것은 당연했고, 정신적인 고통이 이루 말할 수 없을 정도로 커 보였다. 아무리 가족이라고 해도 직접 겪어보지 않으면 그 마음을 절대 알 수 없다. 그렇지만 힘이 되고 용기를 줄 수 있는 사람도 가족이다.

"수빈 엄마, 항암치료는 안 받고 싶어. 항암치료받으면서 바짝 말라 죽기 싫어! 그냥 이대로 치료받으면서 생활하고 싶어."

"살려고 항암치료를 받는데, 말라 죽다니. 그게 말이 돼? 의사 선생님 말 듣고 제대로 치료받자. 요즘은 의학기술이 발달해서 완치하는 사람들도 많아. 치료받아서 깨끗하게 나으면 돼. 걱정 마. 다 잘될 거야!"

남편은 암 투병을 다룬 프로그램을 보고 많은 상심이 있었다. 건강할 때에 프로그램을 봤을 때는 '안 됐다. 안타깝다'라는 생각이 들고 돌아서면 잊어버렸다. 하지만 이제는 같은 처지에 놓이게 되자 더 많은 생각을 하게 되고 두려워지게 된 것이다. 자신에게 일어나지 않았을 때는 대수롭지 않게 넘기지만, 실제로 그 상황에 닥치면 미래에 일어날 상황까지 가정하고는 더 힘들어한다.

사람들은 다 똑같다. 무슨 일이든지 문제가 발생하기 전에는 앞날을 생각하지 않고 걱정도 하지 않는다. 자신은 괜찮을 거라고 생각하기 때문이다. 하지만 막상 그 상황을 맞닥뜨리면 일어나지도 않은 미래의 걱정거리를 다 가지고 와서 자신을 괴롭힌다. 한

마디로 부정적인 생각을 온통 머릿속에 집어넣어 고통 속에서 신음소리를 내고 있다. 이러한 행동은 더 자신을 망가뜨리는 역할만 할 뿐이다.

부정적인 생각은 스스로를 점점 더 나약하게 만든다. 마음에 병이 들게 만들고 결국 육체까지 완전히 점령을 해버리고 만다. 우리는 육체의 병보다 마음을 더 잘 다스려야 한다. 마음이 건강해야 치료도 더 잘되고 건강을 빨리 회복한다. 몸도 살고 싶어 하는 사람인지 죽고 싶어 하는 사람인지 다 안다. 그래서 항상 긍정적인 생각을 해서 나의 잠재의식을 풍요롭게 해야 한다. 몸속의 세포마다 엔도르핀을 분비하도록 해야 한다. 긍정적인 생각이 어떠한 약보다도 더 좋다.

부동산은 미래를 보장해 주는 버팀목이다

"은화야, 너는 어떻게 혼자 벌어서 생활을 하니? 우리는 맞벌이를 하는데도 먹고살기가 빠듯한데…. 받은 유산이라도 있어?"

"그런 거 없어. 양쪽 집안이 다 어려워서 도움을 받을 만한 데가 없어."

친한 회사 동료 두 명은 우리 남편이 투병 중이라는 것을 알고 있었다. 사정상 회사에 연차를 쓸 일이 많아지면서 어쩔 수 없이 알게 되었다. 같은 팀으로 일을 하다 보니 내 사정을 알아야 이해를 구하는데 도움이 될 것이라고도 생각했다. 또한 서로에게 실수를 하지 않기 위해서라도 알리는 것이 적절하다고 생각했다. 회사 동료는 나에게 돈 걱정하지 않고 가정을 잘 이끌어 가는 모습이 정말 대견하다고 말했다. 동료는 자신이 그 상황에 놓이게 되면 잘해낼 수 없을 거라고도 했다.

남편이 아프기 전부터 나는 부동산 투자를 했다. 시작한 계기는 돈 걱정에서 벗어나고 싶어서였다. 그렇게 시작한 부동산 투자는 나에게 엄청난 힘이 되어 주었다. 남편이 아파서 더 이상 일을 하지 못하는 상황에서도 내가 기댈 수 있는 곳은 부동산밖에 없었다. 보험금으로 받은 돈은 1년이 지나자 금세 바닥을 보였다. 직장 월급으로 받는 돈은 턱없이 부족해 아픈 남편을 돌보며 아이를 키우기는 너무 벅찼다. 월급 외 수입이 있어야 가정을 이끌어 나갈 수 있었다.

나는 직장생활을 하면서 계속 투자를 이어갔다. 생활비와 교육비, 보험료, 공과금 등으로 인해 힘들어할 때 부동산은 나에게 든든한 버팀목이 되어 주었다. 임대를 준 아파트가 만기가 되면서 보증금과 월세를 인상하게 되어 빚을 지지 않고 문제를 잘 해결했다.

부동산 투자는 가족을 지켜준다

돈은 우리가 살아갈 동안에 끊임없이 필요하다. 수익 창출이 계속 되지 않는다면, 가정이 파탄 날 수도 있다. 많은 사람들은 자신에게는 이런 일이 일어나지 않을 거라고 생각하며 살아간다. 하지만 나이를 한 살씩 더 먹다 보면 몸은 예전과 다르게 말을 듣지 않는다. 나 역시 40대 후반으로 갈수록 예전만큼 체력이 좋지 않다. 생산성이 떨어진다는 말이다.

나는 부동산과 맞벌이를 하면서 비교적 빠른 시일에 경제적으로 안정을 찾았다. 때문에 큰 어려움에서 벗어날 수 있었다. 돈을 많이 벌고 싶어 시작한 부동산 투자가 가족을 지켜 주고 슬픔에서 빨리 벗어나게 해주는 원동력이 되었다. 부동산 투자는 나의 미래를 보장해 주는 역할을 하고 있다. 누구나 살아가면서 크고 작은 일을 겪게 마련이다. 문제가 닥치면 그때 비로소 해결하려고 하지 말자. 평소에 우리 가족을 위해서 하루라도 빨리 부동산 투자를 시작해 미래를 준비하자.

PART 3

실전 투자보다
더 나은 공부는
없다

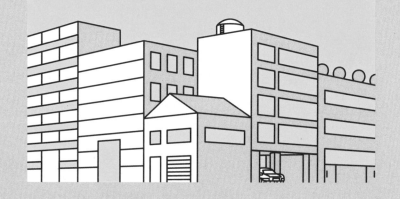

지식공부와 실전 투자
어떤 게 먼저일까?

지식공부에만 몰두하지 마라

부동산 투자를 하고 싶지만 어떻게 시작해야 할지 몰라 막막해하는 사람들이 많다. 나 역시 처음 부동산 투자를 시작할 때 접근 방법을 몰라 가장 먼저 부동산 책을 사서 읽었다. 대부분의 사람들은 무조건 책을 많이 읽어서 관련 지식을 쌓은 뒤 부동산 투자를 하기 원한다. 부동산을 움직이는 데는 큰돈이 들어가기 때문에 일단 공부를 많이 해야 안전하다고 믿는 것이다.

어떤 사람은 지식공부에만 몰두한 나머지 점차 지쳐가기도 하고 공부를 하면 할수록 더 복잡해져 투자는 엄두도 못 낸다. 사실 이러한 생각과 행동으로 쉽게 나서지 못하는 사람이 많다. 부동산 공부도 반드시 필요하긴 하다. 부동산에 대한 지식이 전혀 없는 상태에서 부동산 투자를 할 수 없다. 하지만 너무 지식만 머리에 집어넣으려고 하다 보면 실전 투자는 뒷전이다. 돈을 잃지 않아야 한다는 생각이 더 강해지면서 계속해서 배움의 단계별로 빠져버린다.

나를 찾아오는 사람들은 대체적으로 제대로 부동산 투자를 하고 싶어 실질적인 도움을 받고자 한다. 그래서 아예 초보자이거나 집 한두 채를 사고판 경험이 있는 사람 또는 더 많은 부동산을 소유하길 원하는 사람들이다. 그분들과 이야기를 나누다 보면 부동산 책을 읽고 또 다른 책을 찾아 읽지만 결국 투자는 해보지도 못하고 끝난다는 것이다. 부동산은 마트에서 물건을 사고 마음에 들지 않는다고 바로 교환, 반품이 되는 물건이 아니다. 그래서 사람들이 함부로 접근하지 못하고 신중하게 행동한다. 하지만 너무 신중함에만 빠져있으면, 행동하는 것이 아니라 아예 시도조차 하지 못한다.

이론보다 실전이 먼저다

수강생 정진영 씨는 처음 컨설팅을 할 때, "대표님, 전 책을 읽어도 이해가 되지 않아요."라고 말했다. 나는 "솔직히 책을 읽고 혼자서 잘 해내는 사람은 많지 않아요."라고 대답했다. 책 속에 존재하는 물건과 이야기를 접하고 바로 행동으로 옮기는 독자들은 그리 많지 않을 것이다. 자신이 직접 해보지 않았기 때문에 '정말 투자해도 될까? 잘못하다가 돈을 잃는 것은 아닐까'라는 불안감이 발목을 잡기 때문이다. 그러한 가정이 반복되면 결국 부동산 투자를 포기하게 된다.

처음 부동산 투자를 하겠다고 결심했을 때, 나는 부동산 관련 서적을 읽고 바로 실전에 뛰어들었다. 나는 혼자 공부를 하면서 투자를 한 경우다. 누구보다 돈을 빨리 벌고 싶었고, 마냥 시간이 흘러가는 게 너무 아까웠다. 그렇게 급매로 나온 소형 아파트 몇 채를 시작으로 본격적으로 뛰어들었다. 이 정도는 혼자서도 가능했다. 하지만 소액으로 시작하다 보니 어느 순간 한계에 다다랐다. 계속 투자를 이어가야 하는데 투자 방향이 잘 잡히지 않았다. 그때부터 나는 더 빠르게 부동산을 늘리면서 돈을 벌 수 있는 방향을 잡기 위해 전문가를 찾아가 공부와 동시에 실전 투자를 했다.

경매에 대해 하나도 몰랐던 우리 수강생들은 경매 과정 수업 중에 낙찰을 받기도 하고, 수료한 90% 이상이 1~2개월 안에 낙찰을 받는다. "어떻게 그럴 수 있을까?"라고 말하는 사람도 있을 것이다. 상담을 받으러 오는 사람들은 사전에 내가 운영하는 네이버 카페를 확인하고 온다. 카페를 둘러본 그들은 많은 사람들이 단기간에 낙찰을 받으며 임대를 하는 것을 보고 우리가 하는 교육에는 특별한 시스템이 있는 것 같다고 이야기한다. 그렇다. 우리는 지식공부에만 집중하지 않는다. 돈을 버는 데는 실전이 아주 중요하다. 아무리 열심히 지식공부를 해도 실행을 하지 않는다면 무용지물이기 때문이다.

초보자들은 법과 권리 분석에 매달리며 시간을 허비한다. 부동산 경매는 이론지식보다 중요한 것이 현장 경험이다. 물건을 보는 안목을 키우는 데 시간을 투자해야 빠른 결과를 낼 수 있다. 시간이 곧 돈인 시대에 권리 분석에만 매달려 아무것도 하지 못하고 있으면 안 된다.

나는 예전에 공인중개사 시험을 보려고 잠깐 공부를 한 적이 있었다. 그런데 공부를 하면 할수록 다양한 법률 용어와 해석이 너무 어려웠다. 결론적으로 말하면 공인중개사 공부는 자격증을 따기 위한 공부였다. 실제로 현장에서의 중개인들은 그동안 배운 지식을 거의 사용하지 않는다. 물건을 중개하고 사고파는 일들은 의외로 단순하다.

공인중개사 자격증을 취득한 후에 투자를 하겠다고 하는 사람들이 많다. 이는 더 많은 것을 배우면 투자를 더 잘할 거라는 착각에서 비롯된다. 하지만 나중에는 시간과 돈을 낭비했다는 것을 깨닫고 후회한다. 공인중개사 공부와 돈 버는 것은 별개다. 중개사무소를 차리지 않을 거면 굳이 힘들게 공부하고 시간을 낭비할 필요가 없다.

직접 경험한 것만큼 효과적인 공부는 없다

부동산 투자를 하려는 사람들의 목적은 하나다. 내가 움직이지 않고도 부동산이 나 대신 일을 하게 하기 위해서다. 또한 경제적으로 자유를 누리고 싶어서 가장 빠른 재테크 수단으로 이용하려는 것이다. 부동산에 대한 기본적인 원리를 이해했으면 바로 투자에 나서는 것이 중요하다. 백날 지식만 채워 봤자 아무 소용없다.

물건 검색을 통해 돈 되는 물건을 고른 다음에 권리 분석을 해보고 안전한 물건이면 인터넷과 현장 답사를 통해 조사한 시세와 현장의 시세를 비교해야 한다. 그리고 현장에서 확인할 수 있는 부동산 내외부의 하자에 대해 조사하고 발품을 팔아 입찰을 해봐야 한다. 명도를 한 후에는 임대를 놓기 위해 수리를 하고 내부 상태를 살피는 과정을 거쳐야 한다. 이 과정을 거쳤으면 세입자에게 임대를 하는 것으로 마무리해야 한다.

일련의 과정을 직접 경험해 보면 훨씬 부동산 투자에 대해 깊이 알게 된다. 더불어 자신감을 얻게 되어 물건을 보는 안목도 넓어진다. 그렇게 다음 투자 때는 이전보다 더 쉽게 잘 할 수 있다.

아무리 공부를 하고 준비를 해도 행동하지 않으면 아무것도 달라지지 않는다. 삶이 달라지길 바라기 전에 자신이 무슨 일부터 해야 하는지를 잘 생각해 봐야 한다. 엉뚱한 짓만 하지는 않는지 점검해 보라는 말이다. 지식공부와 실전 투자 중, 어떤 게 먼저라고 말할 수 없다. 둘 다 중요하다. 지식공부만 하는 것은 부동산 투자에 별 도움이 되지 않고, 지식 없이 실전 투자를 해도 위험하다.

우선 책을 통해 부동산 투자가 어떻게 이루어지고, 어떤 방법으로 진행되는지를 파악하자. 그다음으로 투자를 해야 한다. 하지만 대부분의 사람들은 혼자서 지식을 쌓고 투자하는 것을 힘들어한다. 그래서 전문가의 도움을 받아서 부동산 공부와 실전 투자를 병행하는 게 좋다. 그러면 투자 속도가 아주 빠를 것이고, 시행착오도 겪지 않을 것이다. 또한 시간도 벌게 된다. 시간을 번다는 것은 곧 돈을 벌고 있다는 뜻이다.

나는 실전 투자를 중요시한다. 직접 겪어보는 것만큼 엄청난 공부는 없다. 경험을 통해 투자 과정을 익히고, 행동으로 옮기는 것은 최고의 공부 방법이다. 일단 한 가지를 배웠으면 바로 실행해서 소액이라도 투자를 해야 한다. 처음 해보는 게 어렵지 그 다음부터는 능숙하게 잘할 것이다. 사람은 과정을 반복하면서 더 많은 것을 배우게 된다. 아무것도 하지 않으면 아무 일도 일어나지 않는다. 부동산 투자는 얼마나 빠르게 행동으로 옮겨 실행하느냐에 달려 있다. 누구에게나 주어진 기회를 자신의 것으로 만들자. 이제는 부동산 투자로 추월차선을 타야 할 때다.

두 번만 생각하고
바로 행동을 하라

기회는 준비된 자에게 온다

사람들은 너무 많은 생각을 하며 살고 있다. 그것도 좋은 생각이 아니라 부정적인 생각으로 말이다. 새로운 일에 도전할 때마다 잘 될 거라는 생각보다 힘들 거라는 부정적인 생각을 먼저 떠올린다.

현대인들은 복잡한 환경에 노출되어 있다. 하루가 다르게 다방면으로 발전하는 시대에 편리함을 얻었지만 스트레스 또한 심하다. 여기에 돈 문제까지 한 몫 거든다. 삶이 피곤해지는 순간들이다. 살아가면서 인간관계로 스트레스를 받고 힘들어하는 사람들도 많다. 직장생활로 먹고사는 사람들은 모든 것을 감내해야 한다. 가족을 생각해야 하기 때문에 섣불리 직장을 그만두지 못한다. '돈이 원수다'라는 생각이 들기까지 한다. 그렇게 사람들은 돈을 벌기 위해서 아침부터 저녁까지 회사의 노예로 열심히 일을 한다. 하지만 매일 돈을 벌어도 항상 돈에 쫓기는 삶을 산다.

부동산 투자로 부자가 되겠다고 결심을 한 나는 시세 차익을 본 내 집을 담보로 대출을 받아 부동산 투자를 시작했다. 당시 나는 급매로 나온 물건을 위주로 보러 다녔다. 종잣돈이 많지 않았던 사정을 고려해 내 투자금이 최소한으로 들면서 수익률이 괜찮은 것을 잡는 데 집중했다. 레버리지를 활용해서 소형 아파트 3채를 샀다. 당시 대구광역시 북구 23평 소형 아파트가 시세 2억 1,000만 원으로 거래되고 있었다.

3채 중 1채는 급매로 1억 9,000만 원에 매입할 수 있었다. 시세보다 2,000만 원 싸게 산 것이다. 나는 새로 도배를 해서 보증금 2,000만 원, 월세 60만 원에 임대를 했다. 그곳은 대단지 아파트에 수요도 꾸준해서 임대 물건으로 괜찮겠다는 판단을 했다. 그리고 사실 그곳은 다른 부동산에 2억 500만 원으로 매물이 나와 있었다. 그러던 중, 집주인이 따로 분양받은 아파트 잔금 날짜가 다가오자 불안한 나머지 급하게 급매로 내놓았던 것이다. 그때 마침 물건을 찾고 있던 나에게 부동산 소장이 연락을 줬다. 나는 그 아파트를 사면서 부자로 살 수 있는 기회를 잡았다는 생각이 들었고, 감사한 마음이 들었다. 부쩍 늘어난 자신감은 덤이었다.

부동산 등기 권리증이 하나씩 늘어날 때마다 너무 행복했다.

나의 보물들이라는 생각이 들면서 그전까지 어떤 일을 해도 뛰지 않았던 가슴이 뛰었다. 그 이후로 나는 더 열심히 부동산 투자를 하면서 어디를 가도 부동산을 살펴보는 습관이 생겼다. 돈 되는 부동산이 있는지 없는지 알아보는 게 일이 되었다. 지금도 부동산을 보러 다닐 때가 제일 행복하다.

미분양 아파트를 눈여겨보자

"은화 씨, 매천동에 미분양 아파트 분양중인데… 그거 분양받아도 괜찮겠어?"

"모델 하우스랑 아파트 현장에도 가봤는데, 미분양이지만 로열동, 로열층을 공략하면 좋을 것 같아. 언니는 실거주로 들어갈 거잖아? 그럼 걱정하지 말고 분양받아도 될 것 같아. 잘 생각해서 결정해요."

얼마 후, 언니는 남편과 모델 하우스에 다녀와서 계약을 했다. 그러고 나서 4개월 정도 지나자 미분양되었던 아파트는 마감되었다. 그 이후부터 프리미엄이 4,000만 원 이상이 붙기 시작했다. 언니는 자신이 결정하는 데에 조언을 줘서 고맙다고 말했다. 나 또한 언니에게 도움을 줄 수 있어서 뿌듯했다.

그곳은 대단지로 역세권에 위치해 있는 데다 초·중·고등학교도 가까이에 있어서 좋았다. 지금은 미분양이지만 미래 가치가 충분하다는 생각이 들어서 나도 분양을 받은 상태다. 당시는 부동산 시장이 위축된 상태라, 위치와 주변 인프라가 좋아도 사람들이 많이 망설이게 되면서 미분양으로 나게 됐던 곳이다. 하지만 아파트 공사가 한창 진행되고 층수가 올라가기 시작하자 프리미엄 가격이 1억 원 이상으로 상승했다.

사람들은 미분양이 나면 서로 눈치를 보면서 나중에 가격이 떨어질까 봐 사지 않으려는 경향이 있다. 분양이 잘 안 되면 돈이 오르지 않을 여지가 있어 목돈이 묶일 확률이 높기 때문이다. 하지만 남들이 눈여겨보지 않아도 시장조사만 잘하면 얼마든지 돈 되는 물건을 찾을 수 있다.

미분양 아파트의 장점은 로열동, 로열층 등 내 마음대로 고를 수 있다는 점이다. 그러나 한번 분양받은 사람은 마음에 들지 않아도 바꾸지 못한다는 점을 유념해야 한다. 미분양 아파트는 동, 호수가 좋으면 나중에 매매를 할 때 더 높은 가격으로 거래를 할 수 있고, 임대를 할 때에도 잘 나간다. 미래 가치가 있다고 판단되면 미분양 아파트도 눈여겨보자. 잘 고르면 효자 노릇을 톡톡히 한다.

생각은 짧고 굵게, 행동은 빠르게 하라

나는 친하게 지내는 지인 송지현 씨에게 아파트를 한 채 분양받아서 새 아파트로 이사를 하면 좋을 것 같다고 말했다. 살고 있는 아파트가 구축이라 좀 오래되어서 한 번 갈아타면 괜찮을 것 같았다. 지금 분양받으면 프리미엄과 시세 차익을 볼 수 있으니 잘 생각해 보라고 했다. 송지현 씨는 생각해보겠다면서 계속 망설였다. 그리고 몇 달 후, 송지현 씨는 "언니, 새 집으로 이사 가고 싶은데 분양하는 아파트 괜찮은 데 없을까? 좀 알아봐줘."하며 도움을 청했다. 나는 "요즘 분양하는 아파트가 없는 것 같은데…. 프리미엄을 주고 분양권을 사서 들어가야 할 것 같아."라고 말했다. 송지현 씨는 실망하는 눈치였다. 그제서야 "그때 언니 말 들을걸." 이라고 말했다. 나는 "아직 프리미엄이 많이 오르지 않았으니 지금 사서 이사해도 괜찮을 것 같아. 더 늦기 전에 내가 알아 봐 줄게."라고 덧붙였다.

송지현 씨는 결국 프리미엄 2,100만 원을 주고 분양권을 샀다. 분양권을 살 때에도 비로열동과 비로열층은 프리미엄 차이가 많이 났다. 이럴 땐 돈을 조금 더 주더라도 로열동, 로열층을 사는 게 맞다. 송지현 씨는 정남향의 아파트로 결정했다. 그리고 1년 후, 정말 이사를 잘했다며 좋아했다. 프리미엄을 주고 샀지만 잘한 선택이었다. 송지현 씨의 경우는 오만가지의 생각과 걱정으로 시간을 낭비하면서 아까운 돈을 더 쓰게 되었다. 사람은 생각을 깊게 하면 할수록 결정이 더 어려운 법이다.

나는 부동산 투자를 시작할 때 돈 잃을 걱정은 하지 않았다. 아주 단순하게 돈 버는 데에만 초점을 맞추고 행동을 했다. 실체가 있는 부동산에 투자를 하고 시세보다 싸게 사서 임대를 주기 때문에 나는 별 걱정을 하지 않는다. 이러한 생각으로 부동산 투자를 쉽게 할 수 있었던 것 같다.

무슨 일이든 오래 생각을 하면 걱정이 걱정을 낳아 더욱 혼란스럽게 만든다. 결단을 내리지 못하고 우유부단하게 될 우려가 많다. 그렇다고 한 번 생각하고 바로 실천에 옮기게 되면 조급하여 실수를 하거나 미처 생각하지 못한 부분이 생길 수 있다. 때문에 두 번만 생각하자. 그리고 바로 행동하자.

지나친 신중함은 결단력을 떨어뜨려 기회를 놓쳐 버리고 오히려 손해를 볼 수 있는 상황을 초래하기도 한다. 부자가 되고 싶다면, 자신에게 온 기회를 잘 포착해서 행동으로 옮겨야 한다. 생각이 많은 사람치고 성공한 사람은 없다. 생각은 굵게, 행동은 빠르게 해야 부자가 된다.

적은 돈으로
투자할 곳을 찾아라

맞춤형 투자 전략을 세워라

사람마다 소득 수준에 따라서 큰 금액으로 비싼 부동산에 투자하거나 소액으로 투자할 물건을 찾는다. 여기서 중요한 것은 돈이 많고 적음에 관계없이 투자를 할 수 있다는 것 자체다. 어떤 사람은 투자를 하고 싶어도 하지 못한다. 모은 돈이 없어 애만 태우고 남들 돈 버는 구경만 하는 사람도 많다. 돈이 적으면 적은 대로 부동산 투자할 곳을 찾으면 된다. 그럼에도 불구하고 돈이 적다고 부동산 투자를 할 생각도 하지 않는 사람들을 보면 안타깝다.

우리는 바쁘게 흘러가는 일상에서 대부분의 시간을 돈을 버는데에 쓴다. 사랑하는 사람들과 여행을 다니고 맛있는 음식을 먹으면서 행복한 시간을 보내는 것은 일부분이다. 어떤 사람들은 돈에 쫓기며 살다 보니 이러한 생활을 사치라고 생각한다. 그래서 어떻게 해서든지 아끼려고 노력한다.

다들 먹고살기가 바빠 부동산 투자를 하려고 해도 돈이 없다. 부동산 투자가 좋다는 것은 많은 사람들이 다 아는 사실이다. 워낙 매스컴에서 부동산에 대한 기사를 많이 쏟아냈기 때문이다. 서점에도 부동산 관련 책이 많이 나와 있다.

작년 여름에 직장인 박경진 씨가 책을 읽고 나에게 연락을 해 왔다.

"대표님, 첫 월급을 받았는데 너무 충격을 받아서 이대로 안 되겠다 싶어서 찾아왔습니다. 어떻게 투자를 해야 돈을 벌 수 있을까요?"

"부동산 공부와 실전 투자를 동시에 배우는 과정을 들으면서 바로 투자를 하는 게 수익 창출 방법 중 가장 빠릅니다."

"대표님, 잘 생각해 보겠습니다."

그렇게 많은 이야기를 나누고 상담을 마쳤다. 그날 오후 6시쯤 그에게서 연락이 왔다. 경매 과정 수업에 등록을 하겠다고 했다. 그는 모은 돈은 많이 없었지만 적극적이었다. 빨리 탈출구를 찾고 싶었던 것 같았다. 1주 과정 첫 수업을 듣고 난 그의 표정이 엄청 밝았다. 열심히 수업을 듣던 그는 정규 과정 중에 인천에 있는 빌라를 낙찰받았다. 감정가 5,900만 원의 빌라를 3,954만 원에 낙찰받았다. 시세는 5,500만 원에 경락잔금대출이 4,000만 원이 나왔다. 그리고 임대 보증금 500만 원을 회수해 들어가는 돈이 없었고, 5,046만 원이 남았다. 결국, 자기 돈은 한 푼도 들어가지 않았다.

박경진 씨는 처음으로 자기 힘으로 낙찰을 받아 명도와 임대까지의 과정을 직접 해보면서 자신감이 붙었다. 지금 그는 두 번째 물건을 낙찰받기 위해 자신에게 맞는 물건을 찾고 있다. 그의 사정을 보더라도 적은 돈으로 충분히 부동산 투자를 할 수 있다. 돈이 없다고 포기하지 말고 어떻게든 배우고 노력한다면, 그 과정에서 좋은 결과를 얻게 되고 더 크게 성장하는 계기가 될 것이다.

최소 자본금으로 최대 수익 내기

보통 사람들에게 "투자를 해보면 어떻겠냐"고 물어보면 '돈이 없다', '시간이 없다' 등 여러 가지 이유를 갖다 붙인다. 어떤 사람들은 대출 규제가 심해서 자기 돈이 많이 들어간다고 생각한다. 만약 주택담보대출이 있다면 규제 지역을 제외한 곳의 부동산을 공략해야 한다. 그래야 경락잔금대출을 감정가의 60%까지 활용할 수 있다. 무주택자라면 규제 외 지역에서는 감정가의 70%까지 가능하다. 그리고 감정가 대비 낙찰가가 상대적으로 낮을 경우에는 낙찰가의 80% 이상으로도 가능하다. 우리 수강생들 중에는 무주택자로 90% 이상 경락잔금대출로 자기 돈이 거의 안 들어가는 경우도 종종 있다. 가진 돈이 적다면 규제 이외에 있는 지역의 물건에 투자해 얼마든지 수익 창출을 할 수 있다.

요즘은 젊은 사람들이 부동산에 관심이 많다. 투자를 할 때에
도 적극적으로 나선다. 20~30대는 밀고 나가는 추진력이 좋아서
받아들이는 속도도 아주 빠른 편이다. 반면, 40~50대는 돈을 많
이 가지고 부동산 투자를 하려는 경향이 있어 좀 더딘 경향이 있
다. 아무래도 나이가 들수록 자신만의 고집이 있어서 시행착오를
겪게 된다. 하지만 배울 때는 자신의 생각을 모두 내려놓고 있는
그대로 흡수해야 한다. 그것이 부자가 되는 지름길이다.

부동산 투자를 하고 싶어서 찾아오는 사람들은 많은 돈을 가
지고 있지 않다. 그래서 적은 돈으로도 가능한지를 많이 궁금해한
다. 물론 돈이 많으면 투자할 곳이 더 많고 더 빠르게 갈 수 있다.
하지만 적은 돈으로도 투자할 수 있는 물건들이 있다. 투자자라면
그런 물건을 찾아서 투자를 할 수 있어야 한다. 투자의 기본은 최
소한의 자본금으로 최대한의 수익을 내는 것이다.

서울 금천구에 사는 29세 성진아 씨는 경매 과정 수료 5일
만에 충북 아파트를 낙찰받았다. 12명이 입찰을 했는데 2등과
200만 원 차이로 낙찰에 성공했다. 감정가 8,900만 원에 시세는
8,500만 원으로 낙찰가 7,143만 원이었다. 실투자금은 700만 원
내외로 1,000만 원도 안 되는 돈으로 부동산 소유주가 되었다. 진

아 씨는 경매를 시작하고 한 달 만에 명도를 끝냈고 수리와 전세 계약까지 완료했다. 진아 씨는 이제 부자로 가는 길이 어떤 것인지 알게 되어 너무 행복하다고 했다. 그녀의 사례처럼 적은 돈은 문제가 되지 않는다.

돈이 없다고 투자를 미루지 마라

누구든지 자신을 너무 과소평가하지 말아야 한다. 현실에 안주하면서 변화를 두려워하고 행동하지 않는다면 발전 없이 늘 같은 자리에서 매일 돈 걱정하면서 살게 될 것이다. 해보기도 전에 지레 겁을 먹고 포기를 하기 때문에 남들과 똑같은 삶을 살게 된다. 혼자서 하기가 힘들면 자신을 도와줄 수 있는 사람을 찾으면 된다. 성공한 사람의 시간과 경험을 사면 되는 것이다. 가치에 투자해야 한다. 배움에 돈을 아끼지 말고 더 많은 것을 얻을 수 있는 사람이 되면 자연스럽게 운이 따른다. 자신의 신세를 한탄하기 전에 무엇을 할 수 있는지에 대해 고민하고 생각하자.

우리나라에 부동산이 얼마나 많은데 적은 돈으로 투자를 할 수 없다는 걱정을 할까. 사실 이런 걱정을 하는 사람들은 부동산 투자를 잘 모르기 때문이다. 직접 부동산 투자에 관심을 갖고 조금만 공부를 한다면, 이러한 걱정은 자연히 사라질 것이다.

어설프게 한마디씩 던지는 말에 기죽지 말고 자신의 길만 보고 묵묵히 걸어 가자. 부동산 투자로 성공한 사람과 함께한다는 것은 엄청나게 큰 축복이고 행운이다. 내가 성장할 수 있었던 것은 나를 이끌어주는 멘토가 있었기 때문이다. 투자금이 적다고 투자를 미룰 필요 없다. 시간이 돈이다. 아까운 세월을 허비해서 나중에 후회하지 말고 적은 돈으로 투자할 곳을 찾아 직접 투자를 해야한다. 지금은 적은 돈이지만 투자를 거듭할수록 눈덩이처럼 불어나 당신을 지켜 줄 것이다.

실전 투자
두려워하지 마라

지식만으로는 부자가 될 수 없다

부동산 공부를 아무리 열심히 해도 투자를 하지 않으면 말짱 도루묵이다. 돈을 벌고 싶다고 말은 하고 있지만 실질적으로 돈 버는 행위는 하지 않는다. 그나마 가지고 있는 돈을 잃을까 두려워서 망설이고 끝내 부동산 투자를 하지 않는 사람들이 대부분이다. 그들에게 돈을 잃지 않는 방법은 자신이 만족할 때까지 부동산 공부를 해야 하는 것이다.

나는 컨설팅을 시작하기 전에 사전 질문지를 작성해서 메일로 보내 달라고 한다. 질문지의 내용을 보면 대부분 "월급만으로는 살기 힘들다는 것을 깨달았어요.", "나이가 들면 더 이상 일을 할 수 없기 때문에 더 늦기 전에 부동산 투자로 머니 시스템을 만들고 싶어요!", "경제적으로 해방되어 40~50대에는 가족들과 함께하는 시간을 많이 가지며 행복하게 살고 싶어요."라고 적혀 있다. 간혹 어떤 사람들은 현재 생활은 만족하지만 앞으로 다가올 미래가 불안하다고 했다. 살면서 어떤 일이 자신에게 닥칠지 몰라 미리 준비를 하고 싶다고도 했다.

삶의 대부분은 돈으로 이루어져 있다고 해도 과언이 아니다. 돈을 벌어야 지금 누리는 모든 것들을 유지할 수 있다. 당장 돈이 없다면 할 수 있는 것이 거의 없다. 사람이 사람답게 살기 위해서는 돈이 꼭 필요하다. 어떤 사람은 "먹고살 만큼만 있으면 되지!"라고 말하기도 하지만 요즘 세상은 밥만 먹고 살 수 있는 사회가 아니다. 돈 들어가는 데가 한두 군데가 아니다. 물도 사먹는 세상이다. "몸만 움직였다 하면 다 돈이다."라는 어른들의 말은 그냥 나온 말이 아니다.

돈 버는 기술을 익혀라

부동산 투자가 돈이 된다는 확신이 들면 돈 버는 지식만 습득해서 바로 실행해야 한다. 내가 운영하는 경매 과정에 오는 사람들은 부동산 공부에만 빠지지 않도록 한다. 공부를 하면서 동시에 바로 실전 투자로 연결시킨다. 교육 자체가 실전인 셈이다. 그래서 교육 과정 중에 낙찰을 받는 수강생이 대다수다. 수료 후에도 끊임없이 낙찰을 받는다. 이런 일이 가능한 것은 지식만 주입시키지 않고 돈 버는 기술을 가르치기 때문이다.

작년 여름에 만난, 경기도에 사는 30대 주부 안미란 씨는 투자 경험은 없었지만 부동산 책은 가끔씩 사서 읽는 정도였다. 남편의 월급으로 늘 빠듯한 살림에 염증을 느끼고 부동산 투자에 눈을 돌리게 됐다. 미란 씨는 경매 투자에 대한 이야기를 듣고 곧바로 등록했다. 내가 진행하는 경매 과정은 경매에 대해 전혀 모르는 사람도 낙찰을 척척 받게 만들어 주는 시스템을 가지고 있다. 그리고 수료를 한 후에는 혼자서도 낙찰을 받을 수 있게 경매 기술자로 만들어 준다. 이런 매력에 빠진 미란 씨는 굉장히 만족해했다.

현재 미란 씨는 임대를 주고 세를 받는 집주인이 되었다. 앞으로 더 많은 집을 소유하기 위해 꾸준히 투자를 하고 있다. 사람들은 수강을 하면 할수록 만족도가 엄청 났다. 실전으로 바로 흡수하는 수업이다 보니 집중도 또한 높았다. 미란 씨를 포함한 수강생들의 80%가 과정 중에 낙찰을 받았다.

책상에 앉아 백날 머리 박고 공부해도 행동으로 옮기지 않으면 돈을 벌 수 없다. 사람들은 돈을 벌고 싶어 부동산 공부에 관심을 가진다. 그런데 투자는 하지 않은 채 책만 읽고 열정에 타 올랐다가 며칠도 안 되어 금방 식어버리고 만다. 많은 사람들이 이런 식으로 여러 부동산 책만 기웃거리다 끝낸다.

경매 투자를 제대로 알면 걱정하지 않아도 된다. 경매는 소액으로도 충분히 수익을 낼 수 있고 시세보다 더 싸게 살 수 있기 때문에 돈을 잃을 염려를 하지 않아도 된다. 물건 검색, 선정, 권리 분석, 시세 조사, 현장 조사, 낙찰가 선정, 입찰을 통해 낙찰, 명도 임대까지 단기간에 완벽하게 배울 수 있다. 이런 과정을 직접 체험하기 때문에 책만 읽는 공부하고는 차원이 다르다. 몸이 기억하는 투자이기 때문에 절대로 잊어버리지도 않는다. 투자를 거듭하면 할수록 능숙한 투자자의 모습을 갖추게 된다.

실전 투자로 빠르고 정확하게 배워라

작년 가을, 인천에 사는 55세 직장인 이미옥 씨는 달라지지 않는 현실에서 벗어나고 싶어서 경매 과정에 등록했다. 하지만 직장 일로 시간이 맞지 않아 포기할 수밖에 없었다. 그러던 어느 날 지금 아니면 못할 것 같으니 무조건 시간을 마련하겠다면서 연락을 해 왔다. 미옥 씨의 목소리에서 꼭 해야겠다는 단호함이 느껴졌다. 예전의 나와 비슷한 처지에 놓여 있는 부분이 많아서 애착이 많이 갔던 수강생이었다.

그녀는 단기간에 낙찰을 받기 위해 배움에 있어서도 적극적으로 임했다.

"대표님, 요즘 너무 행복해요. 회사에서 일을 하고 몸이 피곤한 데도 전혀 짜증이 나지 않고 밤 12시가 넘도록 즐겁게 검색 훈련합니다. 주말에는 딸과 같이 임장을 다녀요. 너무 좋습니다."

미옥 씨는 새로운 희망을 보았기 때문에 사는 게 행복하다고 말했다. 그리고 긍정적인 생각으로 살게 되면서 집안에 좋은 소식들이 많이 생겼다고 전했다. 행복해하는 그녀의 모습에 나 또한 감사한 마음이 들었다.

실전 투자는 두려워해야 하는 것이 아니라 더 빠르게 습득해서 수익 창출로 이어지게 만드는 투자 방법이다. 책으로 하는 공부는 그만하고 직접 소액을 가지고 실전 투자를 하자. 처음부터 하나하나 자신이 해내는 것이다. 직접 처음부터 마무리까지 이행한다면, 그 한 번의 경험은 책을 뚫어져라 보는 것보다 훨씬 효과적이다. 사람에게 있어 직접 경험은 무엇보다 빠르고 정확하게 배우는 공부 방법이다.

나는 예전에 가난한 사고방식과 부정적인 생각을 가지고 살았다. 그러던 내가 180도 달라지게 된 계기가 있었다. 바로 〈한국책쓰기1인창업코칭협회(이하 한책협)〉의 〈1일 특강〉을 듣고 나서부터다. 〈한책협〉의 김태광 대표 코치는 "의식 수준을 높여서 넓은 시야를 가지고 과거를 버려야 미래를 열 수 있다."라고 말한다. 그리고 "긍정적인 마인드를 가져야 모든 것이 좋아진다."는 말을 항상 강조한다. 이 말을 듣고 나는 내 자신을 돌아봤다. 나는 그의 말과 정반대의 삶을 살고 있었다. 많은 사람들이 가난한 사고방식과 부정적인 생각을 가지고 생활을 하지만 스스로가 그러한 행동을 하고 있다고는 인지하지 못한다. 그저 사는 대로 살기 때문이다. 나는 〈1일 특강〉 이후로 나 자신이 바뀌어야 삶이 달라질 수 있다는 것을 깨달았다. 김태광 대표 코치는 많은 사람들에게 좋은 영감을 주기도 하고 1인 창업으로 부자의 삶을 살도록 돕는 메신저 역할을 하고 있다. 그리고 나를 이 자리에 있게 해준 최고의 멘토다.

김태광 대표 코치는 유튜브에서도 '김도사'라는 닉네임으로 〈김도사TV〉를 운영한다. 영상을 통해 자신의 지식과 경험, 깨달음을 많은 사람들에게 선한 영향력을 끼치고 있다. 22년간 200여 권의 책을 쓴 저자로, 힘든 시련과 고난을 이겨내고 자수성가했다. 부자의 사고방식과 의식변화로 새로운 삶을 찾을 기회를 가지고 싶다면 〈김도사TV〉를 구독해 보자. 엄청난 삶의 변화를 경험하게 될 것이다.

나는 항상 긍정적인 생각을 가지고 행동하려고 한다. 무슨 일이든지 하면 된다는 생각을 가지고 임한다. 내 안의 잠재적 능력이 무한하다는 사실을 깨닫게 되면서 적극적으로 행동하게 되었다. 당신도 부정적인 생각에 사로잡히지 말고 일단 행동해 보길 추천한다. 직접 경험해 보면 원하는 답을 찾을 수 있을 것이다.

불황일수록
기회가 더 많다

불황이라는 타이밍을 이용하라

부동산값이 하루가 멀게 오르는 것을 보고 사람들은 내 집 마련을 영영 할 수 없겠다는 불안감을 느꼈다. 이어 부동산 시장은 집을 사려는 사람과 투자를 하려는 사람들이 맞물리면서 값이 무섭게 오르기 시작했다. 이러한 상황을 지켜보던 정부는 부동산 시장 안정화를 위해서 '규제'라는 칼을 빼들었다. 핵심은 종합부동산세의 증세를 통해 고가주택 보유자나 다주택자의 부담을 증가시키고, 주택 관련 대출을 차단하거나 규제를 강화해서 추가적 주택 구매를 막겠다는 것이다.

지난해 9·13 부동산 대책 이후 냉각된 시장 분위기가 반영돼 12월 전국 거래량은 5만 5,681건으로 전년 동월에 비해 22.3%나

급감했다. 주택 대량 입주와 대출 규제에 공시 가격 상승에 따른 세금 부담이 커질 것이란 우려에 매수 심리가 위축되면서 거래 감소로 이어지고 있다. 집값이 더 내려갈 것으로 보고 관망하는 수요자가 늘다 보니 매도자들이 급매로 내놔도 팔리지 않는다. 얼마 전까지만 해도 매도자 우위의 시장이 과세 강화와 집값 조정에 따른 위축 심리가 반영되어 매수자 우위 시장으로 분위기가 바뀌고 있다.

2011년 대구는 미분양으로 아파트 가격이 하락하고 기존에 있는 주택들도 매매가 되지 않았다. 사람들은 집값이 하락하자 내 집 마련을 포기하고 전세로 눌러앉기도 하고 월세로 사는 게 낫다고 생각했다. 집값이 아주 폭락해서 돈을 잃을까 봐 걱정이 되어 집을 사질 못했다. 나는 이때 아주 싸게 급매로 소형 아파트를 샀다. 내 돈 2,000만 원만 보태서 9,600만 원으로 매매했다. 나머지는 대출을 이용했다. 그 후 3년이 지나자 집값이 2억 원 이상으로 오르기 시작했다. 만약 부동산 시장이 계속 호황이었으면 나는 오히려 집을 살 수 없었을 것이다. 그렇게 돈이 없었던 나는 부동산 시장 불황으로 좋은 가격에 아파트를 살 수 있었다.

그때 아파트를 싸게 산 사람은 입지에 따라 3년 사이에 2억 원 이상의 시세 차익을 봤다. 당시 일부 사람들은 집을 사는 사람들에게 멍청한 짓을 한다고 비웃었다. 집값이 떨어지는데 손해 볼 짓을 한다고, 전월세를 사는 게 돈 버는 일이라고 한마디씩 했다. 하지만 몇 년이 지나자 그들은 땅을 치며 후회하고 있다. 사람들의 심리가 자신은 겁이 나서 그것을 사지 못하면서 막상 다른 사람들이 그것을 사서 돈을 벌면 못마땅하게 여긴다.

불황이 오히려 기회다

수성구에서 식당을 하고 있는 지인 허주현 씨는 남의 건물에 임대를 해서 장사를 했다. 허주현 씨는 열심히 일을 해서 자신의 가게를 갖는 게 소원이었다. 그러던 중 불황으로 부동산 가격이 떨어지고 있을 때 대출을 끼고 건물을 싸게 매입했다. 남들이 경기가 불황이라고 외면할 때 오히려 기회를 보고 매매한 것이다. 지금은 자신의 건물에서 식당을 운영하면서 나머지 점포는 임대를 주고 월세를 받고 있다. 단기간에 자산 가치가 엄청 상승해 시세 차익도 수억 원이 올랐다. 대구에서 수성구는 집값 상승을 견인하는 지역이다. 그래서 집값이 오르면 큰 폭으로 오른다.

누구에게나 어떤 식으로든지 한 번씩은 기회가 온다. 단지 대부분의 사람들이 그 기회를 잡지 못할 뿐이다. 기회를 잘 잡으면 부자로 가는 길이 엄청 빨라지고 남들보다 앞서가는 삶을 살게 된다. 주위를 둘러보면 분명 생활환경이 같은 처지였는데 갑자기 경제적으로 차이가 나기 시작한 경우를 보게 될 때가 있다. 그때부터 삶의 질은 그 사람과 점점 벌어지게 된다. 남들과 똑같이 움직이면 부자가 될 수 없다. 부동산으로 돈을 버는 사람들은 가격이 하락하고 전망이 부정적일 때, 헐값으로 사들인다. 남들이 쳐다보지 않을 때가 가장 좋은 기회인 것을 알아야 한다.

애초에 돈이 없는 사람은 부자로 살아가기 힘들다. 그렇기 때문에 현실에 안주하면서 별 문제 없이 하루하루 살기를 바란다. 그러나 누구든 살면서 돈 문제에 부딪칠 수밖에 없게 된다. 자본주의 사회에서 돈은 떼려야 뗄 수가 없기 때문이다. 돈이 없는 사람이 부자가 될 수 있는 유일한 방법은 부동산 투자다. 열정과 의지만 있다면 해낼 수 있기 때문이다.

돈이 별로 없는 사람이 부동산 투자를 하려면, 활황일 때를 피해야 한다. 경쟁자가 많기 때문에 적은 투자금에 맞는 적당한 물건을 찾기 힘들기 때문이다.

사람들은 "가격이 떨어지는데 지금 부동산 투자해도 될까?"라는 질문을 많이 한다. 이런 유형의 사람들은 가격이 올라도 또 묻는다. "지금 가격이 너무 올랐는데 투자해도 될까요?"라고 말이다. 이렇게 계속 간만 보는 사람은 아예 부동산 투자를 할 생각을 하지 말아야 한다. 그런 사람들은 어떤 투자를 해도 만족하지 못할뿐더러 행동으로 옮길 생각이 전혀 없기 때문이다. 걱정이 너무 많아서 설령 투자를 한다고 해도 조급함으로 제대로 된 투자를 하지 못한다.

부자들은 불황을 노린다

2년 전 대구광역시 북구에 임대를 준 아파트의 전세 만기가 돌아왔다. KB국민시세를 알아보니 1억 6,000만 원에 거래가 되고 있었다. 하지만 단지 내에 전세 물건이 많지 않아 1억 7,000만 원에 세를 놓아도 되겠다는 판단이 들었다. 그래서 소장님한테 1억 7,000만 원으로 세입자를 구해 달라고 했다. 그러자 소장님은 약간 놀라는 눈치였다. 나는 전세로 나온 물건이 없어서 충분히 받을 수 있다고 생각했다. 부동산에서는 가격이 시세보다 높으면 좀 낮추어서 내놓기를 권한다. 하지만 단지 내에 물건이 부족하다면 가능하다. 부동산에 물건을 내놓을 때는 부동산 소장에게만 의존하지 말고 얼마를 받고 싶다고 확실하게 말해야 한다.

물건을 내놓고 일주일쯤 지나고 바로 1억 7,000만 원에 전세 계약을 했다. 보증금 1,000만 원의 수익이 생겼다. 나는 이 돈으로 재투자를 하기로 했다.

매매가 잘되지 않지만 전월세 수요는 꾸준히 늘어나고 있다. 경기가 좋지 않다 보니 집을 사려던 수요자가 세입자로 남게 되면서 임대료가 올라가고 있다. 분명 몇 년 후에는 집을 사지 않았던 것을 후회할 것이다. 사람들은 매번 같은 실수를 하면서도 불황인 시장에 기가 눌려 행동하지 못하는 경향이 있다.

돈이 없을수록 불황일 때 부동산 투자를 해야 한다. 주택이 반토막으로 폭락할 거란 기대를 버리고 투자금을 마련해서 부동산을 늘려야 한다. 적은 투자금으로 부동산을 살 기회가 더 많기 때문이다. 이 시기는 많은 사람들이 겁을 먹고 투자하기를 꺼려한다. 실수요자들도 전월세로 살기를 원한다. 그럴수록 매매가는 떨어지고 전월세는 올라간다. 물건들도 많이 나와 있어서 원하는 물건을 사기 좋은 시점이다. 경매와 급매를 이용하면 충분히 좋은 투자를 할 수 있다. 가격이 싸다고 아무거나 사면 안 된다. 지역마다 공급과 수요도 차이가 있다. 매매를 할 때에는 주변의 입지와 혐오시설이 없는지 철저하게 조사해야 이후 탈이 없다.

부자로 살고 싶다면, 부동산 투자를 해야 한다. 불황이라고 손 놓고 가만히 있지 말고 움직여야 한다. 언제 기회가 또 올지 모른다. 늦게 할수록 돈 버는 기회를 놓치게 된다. 거듭 말하지만 돈이 없는 사람일수록 남들이 다 뛰어들 때 투자를 한다고 나서지 말고 경쟁자가 적고 투자금이 적게 들어가는 시장일 때를 노리자. 경기 침체가 무한정 갈 수는 없다. 침체기가 있으면 반드시 회복세가 있게 마련이다. 부자들은 부동산이 불황일 때 싸고 좋은 물건을 찾기 위해 노력한다. 이는 부자가 더 부자가 되는 이유이다.

겁이 많은 사람은 언제나 변화 없는 삶을 살게 된다. 용기를 내어 이제는 밝은 미래를 맞이하길 바란다.

좋은 대출과 나쁜 대출을
구분할 줄 알아야 한다

대출에 대한 고정관념을 버려라

2018년 가계 부채가 1,500조 원을 찍었다. 전체 가계 대출금을 환산했을 때 가구당 7,000만 원 정도라고 한다. 보통 사람들은 대출에 대한 인식이 안 좋다. 무조건 빚이라는 생각을 갖고 있기 때문이다. 그래서 돈을 빌리는 것을 꺼려한다. 하지만 싫든 좋든 자본주의 사회를 살아가려면 빚을 질 수밖에 없다. 목숨이 붙어 있는 한 돈이란 물질에서 벗어나기 힘들다.

빚을 진 사람들은 빚을 빨리 갚지 않으면 큰일이라도 날 것 같은 불안감에 돈을 버는 대로 상환하기 위해 허리띠를 졸라맨다. 대부분 어린 시절부터 부모님께 돈에 대한 교육을 받을 때 대출은 나쁜 것이라고 듣고 자란다. 실제로 우리 부모님은 한 달 월급을 받으면 빌린 돈을 갚기 바빴다. 나 역시 부모님의 이런 모습을 많이 보고 자랐기 때문에 '절대로 돈을 빌리지 말아야지'라고 생각하며 살아 왔다. 하지만 그 생각이 무색하게도 내 삶이 넉넉하지 못하다 보니 어쩔 수 없이 빚이 생기게 되었다.

대출은 사람들의 여건에 따라 좋은 대출이 되기도 하고 나쁜 대출이 되기도 한다. 경산에 사는 나의 친척은 3년 전에 대출을 받아 집을 샀다. 매달 이자와 원금이 나가지만 걱정하지 않는다. 월세로 나갔던 돈을 은행에 이자로 내기 때문이다. 그는 더 이상 이사를 다닐 필요가 없고, 이사를 할 때마다 각종 부대비용이 발생되지 않아 쓸데없는 돈을 낭비하지 않아도 된다. 또 남의 집을 옮겨 다니다 보니 가구에 흠집이 생기면서 제대로 된 가구를 사지 않았지만 이젠 자신이 갖고 싶은 가구를 구매한다. 그러다 보니 집에 대한 애착도 생기게 되었다.

그는 대출을 이용하지 않았다면 내 집 마련은 꿈도 꾸지 못했을 거라고 했다. 부동산은 사람들의 사정을 기다려 주지 않기 때문이다.

그렇다면 전월세로 사는 것은 괜찮을까? 월세는 주인에게 매달 돈을 지불해야 한다. 만약 월세가 밀리게 된다면? 보증금에서 차감이 되다가 결국 집주인에게 신용을 잃게 되면 집을 비워줘야 하는 상황에 이르게 된다. 전세는 어떤가? 자신의 전 재산을 집주인에게 맡겨 놓는 것과 다름없다. 이때 집주인은 계약 기간 동안 세입자의 전 재산을 가지고 투자하거나 필요한 곳에 이용한다. 그리고 계약 기간 중에 집값이 오르면 또 다른 수익금을 챙기게 된다. 무이자로 집주인에게 돈을 빌려준 셈이다. 한마디로 남 좋은 일을 시키고 있는 것이다.

가난하게 사는 사람들은 자신의 돈을 모아서 물건을 사야 한다고 생각한다. 투자할 때도 대출을 이용하는 것을 꺼려한다. 어떤 사람은 "대출까지 받아서 뭐 하러 투자를 해? 됐어!"라고 말한다. 이런 사람은 대출을 제대로 알지 못한 채 빚이란 고정관념에 빠져 좋은 기회를 잃는다. 대출에 대한 잘못된 생각이 돈을 버는 데에 장애 요소가 되는 셈이다. 대출받은 돈으로 생산적이고 발전적인 곳에 쓴다면 분명 자신에게 많은 도움을 줄 것이다. 자신의 재산을 지키고 자산을 증대시키는 대출은 아주 좋은 대출이다.

월급만으로는 투자하기 힘들다

직장인과 자영업자가 벌어들이는 소득은 한계가 있다. 직접 몸을 움직이는 노동력의 대가로 돈을 벌기 때문에 시간과 수입이 한정적이다. 따라서 매달 월급을 받아도 저축할 수 있는 돈이 많지 않다. 물가는 수시로 오르는 반면 월급은 턱없이 적게 오른다. 이러한 상황이 지속되고 있는데 무슨 수로 돈을 모아서 투자를 할 수 있을까? 대출은 레버리지 역할을 한다는 것을 명심하자. 부자가 될 수 있는 방법은 여기에 있다.

    수시로 울려대는 알람 소리에 문자를 보면, 대출과 관련된 광고 메시지다. 어떤 때는 짜증이 난다. 그러나 정말 돈이 급하게 필요한 사람들은 어쩔 수 없이 그 광고 발신자에게 연락을 취할 것이다. 은행에서 대출이 되지 않는 사람들은 주로 사금융에 손을 벌린다. 그러면 높은 이자에 묶여 대출금보다 더 많은 돈을 갚아야 하는 경우가 생긴다. 실제로 위험하다는 것을 알면서도 찾아가는 사람이 의외로 많다.

    요즘 세상은 돈만 있으면 하고 싶은 것을 마음껏 할 수 있기 때문에 돈의 개념이 바뀌었다. 하나의 예로 일부 젊은 사람들은 '인생 뭐 있어! 즐기고 살아야지!'라는 생각으로 유흥을 즐기거나 형편이 되지 않으면서도 해외여행을 다닌다.

    얼마 벌지도 못하는데 할 것 다 하면서 살려고 하니 돈은 항상 부족하기 마련이다. 그 부족한 부분을 채우려고 대출을 받게 되고, 여의치 않으면 사금융을 찾게 된다. 이렇게 해서 고리를 끊지 못하는 악순환으로 부채에 시달리게 된다. 결혼해서 가정을 꾸리게 되면 생활비, 교육비, 보험료, 할부금 등 돈이 들어갈 부분이 셀 수 없을 정도로 많아진다. 그러다 보니 월급보다 더 많이 쓰게 되는 경우에는 마이너스 통장을 만들 수밖에 없다. 요즘 대부분 마이너스 통장 하나쯤은 다 가지고 있다. 그길로 부족하면 생활 자금 대출까지 받게 된다. 이렇듯 생활비 대출을 받을 때는 별로 대출에 대한 두려움 없이 이용한다.

하지만 정작 부동산 투자로 돈을 빌릴 때는 인색하다. 일반 대출은 경제적으로 아무런 도움을 주지 않지만 부동산 투자는 자산을 만들어 주는 역할에도 불구하고 회피한다. 대출에 대한 생각을 바로 잡지 않는 이상 항상 돈이 부족하고 돈에 쪼들린 삶을 살 수밖에 없다.

대출은 자산을 불려주는 좋은 도구다

대구에 사는 30대 김정태 씨는 3년 전에 빌라 투자로 시작해서 인천에 있는 상가를 실투자금 1,800만 원에 낙찰받았다. 시세 2억 3,000만 원으로 보증금 2,000만 원, 월세 150만 원에 임대를 놓았다. 대출이자를 제외하고 월세 수익만 90만 원이다. 이렇게 초기 자금이 많이 들어가는 상가를 낙찰받을 수 있었던 것은 대출을 최대한 이용하는 마인드를 갖추었기 때문이다.

대출을 잘 이용하면 수익률이 높아진다. 자신의 투자금이 많이 들어갈수록 투자금 대비 수익률이 떨어진다. 투자가 목적이라면 경락잔금대출을 최대한으로 활용해야 한다. 같은 돈을 빌리더라도 어디에 어떻게 사용하는가에 따라 삶이 달라진다. 대출은 수입이 발생하는 시점과 돈이 필요한 시점의 사이를 메워 주는 역할을 한다. 소득을 담보로 미리 당겨서 쓰는 유용한 수단이다.

좋은 대출은 부채 상환 계획이 확실하고 가계에 경제적 이득을 가져다주는 것이다. 대출을 이용해서 집을 사고 투자를 한다면 일반적으로 내 돈이 사라지는 투자가 아니다. 부동산은 실체가 있으므로 불안해할 필요도 없다. 주식이나 가상 화폐처럼 언제 사라질지 모르는 투자가 아니라 건재한 부동산 물건에 투자를 하기 때문에 안전하다.

대출이 무조건 나쁜 게 아니다. 레버리지로 활용하면서 감당 가능한 대출은 투자에 있어서 최고의 수단이다. 집값은 장기적으로 물가 상승률에 따라 상승하게 되어 있어 자산을 늘려 준다. 10년 전을 생각해 보자. 그때 부동산 가격과 지금을 비교하면 어떤가? 인플레이션으로 종이 화폐는 시간이 갈수록 가치가 떨어지지만 부동산 가치는 높아진다.

나쁜 대출은 어깨를 짓누르는 무거운 짐이 되어 고통으로 다가오지만 좋은 대출은 삶을 발전시키는 지렛대 역할을 한다. 부자들은 사업 수단으로 대출을 적극적으로 활용한다. 자산을 늘리고 키우는 데 대출은 꼭 필요한 수단이다. 레버리지에 절대적이다.

이제는 보통 사람들의 부동산 투자 마인드에서 벗어나야 한다. 나의 노동을 통해 부자가 되는 것이 아니라 남다른 부동산 투자 마인드가 부자로 만들어 준다는 것을 알아야 한다. 대출을 빚이라고 생각하지 말고 나의 자산을 불려주는 도구로 생각해야 한다.

상황에 따라 투자 방법이 달라야 한다

돈 되는 물건을 찾아라

"대표님, 지방에 위치한 부동산을 사도 괜찮아요?"

"네, 수익형 부동산과 주거용 부동산으로 사면 괜찮아요."

"혹시, 세가 안 나가면 어떡하죠."

부산에 사는 45세 정경자 씨가 상담 중에 이렇게 물었다. 그녀는 부동산 투자를 하기도 전에 걱정부터 했다. 부동산에 대한 지식이 전혀 없는 상태라 당연히 드는 생각이기도 할 것이다. 피땀 흘려 번 돈으로 생전 처음 하는 부동산 투자이니 혹시 돈을 잃을까 봐 다시 확인하고 싶은 심리가 들게 마련이다. 정경자 씨는 종잣돈이 많지 않았다. 그래서 투자를 할 때 지역에 따라 구분을 짓지 않았다. 단지 자신이 낙찰받을 수 있는 금액 대비 임대 수익이 얼마가 나오는지를 확인한 후에 예상한 임대 수익이 나오면 주변 환경과 수요층이 충분한지 점검했다. 그러한 과정을 거쳐 적절하다 싶으면 투자를 진행했다.

이때 지방이라도 투자자가 직접 거주하는 것이 아니기 때문에 투자할 때에는 자신을 기준으로 투자하면 안 된다는 것을 명심해야 한다. 돈 되는 물건을 고르는 것이 중요하다. 나는 돈을 벌고 싶어 하는 사람들에게 갖고 있는 종잣돈으로 투자할 수 있는 방법을 이야기해 준다.

낙찰을 받기 전에 반드시 한 번은 임장을 해야 한다. 임장으로 시세 조사와 거래 동향, 주변 환경 등을 정확하게 파악하면 된다. 그렇기 때문에 너무 걱정하지 않아도 된다. 물건을 낙찰받고 명도를 하고 세입자를 구해야 비로소 한 사이클이 끝난다. 여러 부동산에 가서 물건에 대한 조사를 하고 상황 파악이 다 된 다음에 입찰을 하기 때문에 문제없다. 낙찰을 받으면 당연히 임대까지 마치게 되어 있다. 수요가 많은 곳은 물건이 부족하게 마련이다. 부동산 시장은 공급과 수요에 따라 움직인다.

부동산 투자를 해서 돈을 많이 번 사람들도 서울, 수도권에서만 투자를 하지 않는다. 돈이 되는 물건이 있으면 거기에 맞게 투자를 한다. 그리고 적은 돈으로 지방에서 종잣돈을 불려서 서울, 수도권으로 차츰 투자 영역을 넓혀 가는 사람들도 많다. 처음부터 투자금을 많이 확보한 사람들은 자기가 원하는 지역에서 원하는 물건 위주로 투자를 하기도 한다. 자신의 상황에 따라 투자 방향을 어떻게 시작할 것인지 잘 정해야 올바른 투자로 수익을 낼 수 있다. 투자금에 맞지 않은 물건을 검색하고 분석해 봐야 아무런 소용이 없기 때문이다. 부동산을 편식하지 말고 오로지 돈 되는 물건을 찾아서 투자를 해야 한다. 그러면 자신에게 맞는 부동산을 찾을 수 있다. 아파트, 빌라 한 채를 샀다고 금세 부자가 되지 못한다. 하지만 적어도 부자의 길로 인도하는 매개체가 될 것이다.

상황에 맞춰 투자 방향을 잡아라

자신의 상황을 잘 알고 투자 방향을 잡는 게 중요하다. 또한 투자금을 얼마나 확보할 수 있는지를 체크해야 한다. 소액 투자로 부동산을 늘려 가는 방법과 단기간에 매매를 하고 시세 차익을 보는 방법에 맞게 물건마다 잘 선별해서 투자해야 한다. 투자금이 부족한 사람은 투자금 확보를 위해 시세 차익을 보고 매매하는 것도 괜찮다. 확보한 투자금으로 재투자를 할 수 있다. 그리고 여유 자금이 있으면 임대 수익이 큰 상가에 투자하는 것도 좋다. 그러면 단기간에 월세 수익을 안정적으로 확보할 수 있다.

한편, 부동산 투자 방향을 잘 잡지 못해 부동산 운용이 제대로 이루어지지 않으면, 돈 흐름이 끊기게 되어 투자를 이어가는 속도가 느려진다. 그렇게 되면 돈 버는 속도 또한 천천히 가게 된다. 부동산 시스템으로 돈 버는 속도를 높이고 안정적으로 완벽한 시스템을 만들고 싶다면, 자신의 부족한 부분을 채워주고 투자 방향을 잡아줄 나침반 역할의 멘토를 만나라.

돈이 없는 사람이 돈을 빨리 벌고 모으기 위해서는 경매만큼 좋은 투자가 없다. 대출과 임대 보증금을 적절히 이용하면 1,000만 원 미만으로 주택을 사서 매달 고정적인 임대 수익을 받을 수 있다. 2년만 최선을 다해 투자에 집중하면, 매월 200만 원이 훌쩍 넘는 수익을 얻을 수 있을 것이다.

경북 경산에 사는 40세 직장인 박도영 씨는 2년 전에 인천 빌라에 실투자금 600만 원으로 시세 차익 2,800만 원을 확보했다. 단 한 번의 낙찰로 성공한 그는 이를 계기로 자신감이 붙었다. 그 자신감으로 연이어 실투자금 750만 원이 들어가는 빌라에 입찰해서 바로 낙찰을 받았다. 얻은 시세 차익은 1,900만 원이었다. 계속해서 실투자금 350만 원으로 시세 5,500만 원에 시세 차익 900여만 원을 보는 물건을 낙찰받았다. 박도영 씨는 경매교육을 받기 시작하자마자 편견 없이 돈이 되고 수요만 충분하면 투자를 해 나갔다. 그렇게 투자금을 확보해 나가면서 대구에 있는 상가를 발견하고 물건 조사에 들어갔다. 그러곤 2억 1,999만 원으로 낙찰을 받았다. 세금을 빼고도 시세 차익이 대략 6,000만~7,000만 원 나오는 물건이었다. 보증금 2,000만 원에 월세 180만 원으로 대출이자를 제외하고도 120만 원에 이른다. 불과 2년 4개월 만에 이룬 결과였다. 박도영 씨는 현재 200만 원이 훨씬 넘는 임대 수익을 올리고 있다. 그는 추진력과 결단력이 뛰어난 사람이다. 경매 투자는 절실하면 가장 빠르게 일어설 수 있는 유일무이한 재테크다.

시세 파악에 주력하라

돈이 없는 상황에서 경매 투자를 시작할 때, 처음부터 시세 차익이 많이 남는 곳을 찾는다면 꼼짝없이 한 발짝도 떼지 못하게 된다. 보증금과 월세는 적되 연식이 오래되어도 돈이 되고 수요가 꾸준한 곳을 공략해야 한다. 없는 돈으로 시작할 수 있는 전략을 구사해야 일단 투자를 할 수 있다. 자신의 자본금을 생각해서 너무 욕심을 부리지 말아야 한다. 투자를 해서 적은 수익이라도 맛을 봐야 그 쾌감으로 더 빠르게 행동을 하게 된다. 큰 수익만 바라보고 입찰에 들어가면 무조건 패찰이다.

물건 보는 안목을 제대로 갖추지 않고 무조건 낮은 낙찰가를 써도 안 된다. 자신에게 맞는 적당한 기준 가격을 정해야지, 무턱대고 낙찰가를 써내면 평생 낙찰을 받지 못하고 경매 투자와 멀어지게 된다. 우리 수강생들은 수업 중에 실전 투자를 진행하기 때문에 물건 찾는 방식으로 수익률까지 계산할 수 있다. 실전 투자하는 것도 교육에 포함되기 때문에 교육 과정 중에도 낙찰을 받을 수 있다.

대부분의 수강생들은 입찰에 성공하면서 성취감과 자신감이 붙게 되는 동시에 자신이 성장하는 것을 느낀다. 부동산 투자를 전혀 모르는 초보자들도 단 2주 만에 실전 투자를 하고 있는 사람들처럼 스스로 조사하고 부동산에 대한 대화를 하게 된다. 수업을 하면 할수록 수강생들의 집중도가 눈에 띄게 높아진다. 1~2년씩 이론공부만 하는 사람들은 낙찰은커녕 시간만 보내고 있지만 우리 수강생들은 단 몇 주 만으로도 엄청난 변화를 보인다. 스스로도 자신의 모습에 놀란다.

이론공부, 권리 분석에 쏟고 있을 시간에 시세를 파악하는 데 주력해야 한다. 권리 분석은 수익률이 충분히 좋은 물건임을 확인했을 때 관련 서류들을 차근히 살펴보면 된다. 권리 분석에 매달려 있을 시간에 돈 되는 물건을 찾아보는 것이 빨리 돈 버는 길이라는 것을 명심하자.

사람들은 자신의 상황을 생각하지 않고 남들이 돈을 버니까 나도 벌고 싶다는 생각만 가지고 투자한다. 그러나 남들과 같은 기준을 가지고 투자하면 큰 코 다친다. 사람마다 각자 처한 사정에 따라 투자 방법을 달리해야 한다. 단기간에 시세 차익을 얻어서 투자금을 확보하는 방법과 넉넉한 자본금으로 상가 임대 수익을 늘리는 방법이 있다. 보증금과 월세 수익을 보고 부동산 물건을 늘려 가며 시세 차익을 염두에 두는 방법도 있다. 이밖에 투자 방법은 다양하다. 따라서 단순히 남들이 하는 투자를 따라 하면 안된다. 자신의 상황을 인지하지 못하면 투자에 실패할 확률이 굉장히 높다. 투자에도 전략이 있다. 빠르게 지치지 않고 투자에 성공하려면 자신의 상황을 인지하고 그에 맞는 투자 방법을 선택해야한다.

경매에 대한
오해와 편견을 버려라

편견을 버리면 돈이 보인다

나는 일반 매매로 부동산 투자를 시작했다. 경매에 대해서는
전혀 몰랐다. 경매하면 TV 드라마에서 깍두기 머리를 한 사람들
이 구둣발로 집안에 들어와 빨간 딱지를 붙이는 장면이 먼저 떠
올라서 인식이 별로 좋지 않았다. 나에게 경매는 무서운 사람들이
하는 것이었다.

현재 우리나라의 경매제도는 관련 민사소송법과 민사집행법
이 개정되면서 입찰제도가 변경된 상태다. 이에 자연스럽게 경매
가 대중화되면서 많은 사람들이 법원을 찾고 있다. 경매의 절반
이상은 악성 채무자들 물건으로 진행된다. 누군가가 경매 물건을

낙찰받지 않으면 채무자는 자신의 채무를 탕감받을 수 없어 빚으로 고통을 받아야 한다. 채권자는 자신의 돈을 회수하지 못해 난감한 상황에 놓이게 된다. 경매로 나온 물건은 누군가가 그 부동산을 낙찰받아야 사회적 문제가 해결된다. 경매는 경제가 원만히 돌아가게 하기 위해 정부에서 장려하는 사업이다.

하지만 아직도 일부 사람들은 경매는 특별한 사람들이 하는 것이라고 여긴다. 또한 경매는 많은 법과 연관되어 있고 등기부 등본을 확인해 말소기준권리를 찾아야 하는 등 여러 과정 때문에 어렵게 느끼는 사람들이 많다. 흔히 "경매는 어렵다, 위험하다, 돈이 많아야 한다."라고 말한다. 하지만 이는 경매에 대한 오해와 편견일 뿐이다. 결코 위험하지 않으며 어렵지도 않다. 적은 돈으로도 큰돈을 벌 수 있는 것이 경매다. 제대로 알고 보면 경매만큼 쉽게 공부하고 돈을 벌 수 있는 재테크도 없다. 경매의 '경'자를 몰라도 배움과 동시에 투자를 시작할 수 있다. 무슨 일이든지 해보지 않고 단정 짓지 말자. 고정관념과 편견을 버려야 돈이 보이는 법이다.

대전에 사는 20대 후반 직장인 김정수 씨는 부동산 책을 읽고 부동산에 관심을 가지게 되었다. 그리고 본격적으로 투자하기 위해 수강 등록을 했다. 그는 부모님과 같이 살고 있었다. 한편 그에게는 '경매를 하면 부모님이 어떻게 생각하실까?' 하는 걱정이 있었다. 나는 그에게 그런 걱정할 필요가 없다고 말했다. 그리고 경매만큼 안전하고 확실한 물건이 없다는 것을 이해시켰다. 그는 열심히 물건 검색을 하고 시세 확인을 거쳐 권리 분석까지 다 끝냈다. 수요가 있는 물건인지도 철저하게 조사했다. 그리고 마침내 과정 3주 차에 낙찰을 받았다. 김정수 씨는 아버지께 낙찰을 받았다고 사실대로 말씀드렸다. 잔뜩 긴장해서 말을 꺼냈는데, 오히려 아버지는 그를 격려해 주셨다.

경매에 대해 전혀 몰랐던 그는 이렇게 쉽게 해낼 수 있는 게 신기하다고 말했다. 경매 공부를 하지 않았으면 이런 신세계가 있는지 도무지 알 수 없었을 거라고 하면서 "대표님을 만나지 않았으면 매번 부동산 책만 읽다가 포기했을 겁니다. 정말 감사합니다."라고 말했다. 나는 회원들에게 이런 말을 들을 때가 가장 행복하다. 회원들이 성장해 나가는 모습을 지켜보면 '참 보람되고, 감사하다'는 생각이 절로 든다.

경매는 전혀 어렵지 않다

간혹 "경매는 여자가 하기에 어렵지 않나요?"라고 묻는 사람들도 있다. 요즘 여성들도 부동산 투자에 많은 관심을 가지고 경매에 뛰어들고 있는 추세다. 부동산 경매의 대중화로 낙찰가가 많이 올라갔지만 여전히 부동산 경매 시장은 기회가 있는 최고의 시장이다. 최근에는 20대 초반 젊은 사람들로 붐비고 있다. 이는 경매 투자가 어렵거나 위험하지 않다는 것을 증명해 주는 증거인 셈이다.

20~50대까지 다양한 연령대의 여성 회원들이 경매 투자를 해서 낙찰을 받았다. 그들의 직종은 대학생, 간호사, 교사, 모델 코치, 워킹맘, 그래픽 디자이너, 특허 전문가, 사업가 등 정말 다양하다. 이들은 한 번도 경매를 해보지 않은 사람들이다. 하지만 경매 과정 중에 또는 수료 후 한 달 안에 낙찰을 받았다. 경매는 여자라서 더 어렵고 힘들다는 생각은 쓸데없는 오해일 뿐이다. 누구나 열정과 의지만 있으면 해낼 수 있다. 우리가 제일 먼저 해야 할 일은 경매에 대한 오해와 편견을 버리고 자신을 믿고 도전하는 힘을 길러야 하는 것이다.

일부 사람들은 법률 용어가 어렵고 복잡해서 힘들다고 토로한다. 초보자들에게는 용어가 생소하기 때문에 어렵게 느껴지고 익히는 데 시간이 많이 걸린다. 하지만 경매 법률 용어를 다 알 필요는 없다. 실전 투자에서는 모든 법률 용어를 사용하지 않는다.

초보자들은 법적인 공부를 다 알고 해야 안전하다고 생각하기 때문에 사용하지도 않는 이론공부에 매달린다. 그리고 실제로 투자를 해 보고 나서야 비로소 많이 다르다는 것을 느낀다. 실제로 경매의 모든 과정을 완벽하게 배우고 투자하는 사람은 거의 없다. 투자를 하면서 더 많은 것을 배우고 익히게 되는 경우가 다반사다. 경험은 이론으로는 절대로 배울 수 없는 최고의 공부다.

두려움을 이겨내야 더 큰 것을 가질 수 있다

경매를 시작하기 전에 '명도'를 걱정하는 부분도 크다. 명도는 내가 낙찰받은 집에 현재 거주하고 있는 사람을 내보내는 절차다. 보통 사람들이 경매에 대해 안 좋게 생각하는 이유 중 하나가 명도에 대한 나쁜 이미지 때문이다. 자신이 직접 경험해보지도 않고, 남들이 하는 말과 TV 프로그램에서 종종 세입자와 부딪히는 장면을 보고 '세입자를 내보내기가 힘들구나!'라는 생각을 하는 것이다.

배당금을 받은 임차인이 있는 부동산은 문제없이 다 잘 해결된다. 임차인이 배당금을 받으려면 낙찰자의 인감 증명서와 명도 확인서를 법원에 제출해야 하기 때문에 명도에 협조적일 수밖에 없다. 간혹 임차인이 다른 사람에게 지시를 받고 이사 비용을 더 요구하면서 시간을 끄는 경우도 있다. 하지만 이런 경우도 상대방의 심리를 잘 파악하면 금방 잘 해결된다.

만약, 대화로 풀리지 않을 때에는 국가에서 진행해 주는 강제 집행이라는 무기가 있기 때문에 명도에 대한 두려움을 가질 필요 없다. 법원에 따라 절차가 다를 수 있지만 집행을 하기 전에 계고 (일정한 기간 안에 행정상의 의무를 이행하지 않을 경우에, 강제 집행한다는 내용을 문서로 알리는 일)를 하고, 이후 현관문을 강제로 뜯는 절차가 있다. 이 과정까지 진행되면 대부분의 임차인들은 당황해한다. 그 다음에는 원만하게 대화로 해결된다.

나는 평소 "물건을 잘못 낙찰받아 크게 손해를 보면 어떡해요?"라는 질문도 많이 받는다. 나도 이 부분이 제일 중요하다고 생각한다. 돈을 벌려고 경매를 하려는데 돈을 잃으면 안 된다. 본래 자산을 지킬 줄 알아야 제대로 된 투자를 할 수 있기 마련이다.

물건을 검색할 때 권리관계가 복잡한 특수한 물건만 조심하면 된다. 유치권, 법정 지상권처럼 특수 물건을 피해서 권리관계가 쉬운 물건을 공략하면 된다. 권리관계가 후순위, 임차인만 있는 물건으로 낙찰받으면 된다. 특히 초보자들은 돈이 된다고 특수 물건에 도전해서 시간을 낭비하고 돈을 잃지 않도록 주의해야 한다. 안전하게 투자하는 것이 가장 중요하다. 안전한 물건을 여러 개 낙찰받으면서 돈을 불리면 된다. 어려운 물건에 매달려서 스트레스를 받지 않고 즐겁게 투자해야 한다. 경매는 어렵고 힘든 것이 아니다.

"서울 가 본 놈하고 안 가 본 놈하고 싸우면 서울 가 본 놈이 못 이긴다."라는 속담이 있다. 경매에 대한 오해와 편견을 던져 버리고 돈을 벌겠다는 확신을 가지고 있다면, 직접 눈으로 보고 투자를 하면 된다. 부동산 투자를 모르는 사람들이 막무가내로 우기는 말에 귀 기울이지 말자. 일단 적은 돈이라도 투자할 수 있는 곳을 찾아 경매에 나서자. 혼자서는 자신이 없다면 010 6607 6227로 도움을 요청하는 문자 메시지를 보내 보자. 맞춤형 컨설팅을 통해 든든한 버팀목을 만들어 줄 것이다.

PART 4

150만 원 월급으로
7채 집주인이 된
투자비법

돈에 대한 두려움을 이겨내라

부동산 투자로 돈의 노예에서 벗어나라

경제적 자유란 자본주의 사회에서 마음껏 하고 싶은 것 하면서 살 수 있다는 것을 뜻한다. 몸이 부서져라 일을 해도 직장생활을 하면서는 부를 가지지 못한다. 매일 같은 시간에 주어진 업무를 하면서 정해진 월급을 받는다. 회사가 아무리 크게 성장하고 수익이 많아도 내가 가져가는 돈은 정해져 있다.

팍팍한 주머니 사정에 돈을 쓸 때마다 줄어드는 지갑이 신경 쓰이게 된다. 물건을 하나 사더라도 자신이 원하는 것을 사는 게 아니라 돈에 맞추어서, 물건의 질보다 양과 가격에 기준을 두고 고르게 된다. 이번 달에도 아껴 써서 적자가 나지 않아야 한다는 생각으로 생활비를 아끼고 아낀다. 돈 때문에 스트레스를 받는 생활이 반복되다 보면 삶에 대한 회의가 밀려오게 된다. 그러다 다시 마음을 추스르고 남편과 맞벌이를 해야겠다는 결심을 하게 된다. 그렇게 한 푼이라도 더 벌어 집을 사고 아이들에게도 해주고 싶은 것 다 해주리라 다짐하면서 직장생활을 한다.

그러나 맞벌이를 해도 달라지는 것이 없다. 돈은 더 많이 버는 것 같은데 돈이 모이질 않는다. 맞벌이를 하다 보면 돈이 들어갈 때도 배로 들어가게 된다. 명절이나 집안에 행사가 있으면 둘이 벌기 때문에 두 배로 내야 한다. 씀씀이도 그만큼 커진다. 가령 회사일을 하다 보니 집안일을 제대로 할 수 없다. 잦은 외식을 하게 되고, 엄마가 같이 있어주는 시간이 없다 보니 아이를 학원 몇 군데 더 보내게 된다. 물건 하나를 사더라도 둘이 번다는 생각에 안 사도 될 물건도 손쉽게 사게 된다. 결국 취지와는 다르게 돈은 모이지 않고 오히려 삶이 더 피곤하다.

나는 돈의 노예에서 벗어나려고 할수록 더 깊은 늪으로 빠져드는 기분이 들었다. 그래서 어떻게 해서든지 돈을 많이 벌고 싶었다. 나는 가난한 삶에서 벗어나기 위해 2,000만 원으로 시세 차익을 본 아파트를 담보로 대출을 받아서 부동산 투자를 시작했다. 나의 전 재산은 2,000만 원이었지만 빚을 내서 산 아파트의 가격이 올라 시세 차익을 보게 되었다. 나는 시세 차익으로 번 돈을 내 돈이 아니라고 생각하고 투자를 했다. 그렇게 용기를 낼 수 있었던 것은 부동산 투자로 돈을 벌 수 있겠다는 확신이 있있기 때문이다. 더 이상 물러설 곳도 없었다.

돈은 사람을 한순간에 웃게도 만들고 울게도 만든다. 치사하다고도 할 수 있지만 어쩔 수 없는 현실이다. 힘들어하고 고통받는 일들은 대부분 돈에 의해 발생한다. 나는 부자엄마, 당당한 엄마가 되기 위해서 나의 모든 것을 걸었다. 인생을 다시 설계한다는 마음으로 대구에서 서울까지 배움이 있는 곳이라면 찾아갔다. 부동산에 대해 공부하고 전문가를 만나면서 부동산에 대한 확신이 더 강해졌다. 이론 수업과 실전 투자를 함께 하면서 투자 방향을 빨리 잡을 수 있었다. 미처 몰랐던 부분을 깨우쳐가면서 부동산 보는 안목으로 자신감이 더 상승하게 되었다.

돈을 두려워하면 결코 부자가 될 수 없다

사람들은 돈을 벌고 싶다는 말을 입에 달고 산다. "돈 벌 수 있는 곳이 있으면 말 좀 해줘!"라는 말을 쉽게 내던진다. 이제 나는 이런 말이 진심이 아닌 푸념으로 튀어나오는 말이라는 것을 안다. 진심으로 투자를 하라고 권하면 가지고 있는 돈이 적다거나 돈이 없다는 말이 돌아오기 때문이다. 설명을 해줘도 알아볼 생각조차 하지 않는 사람들이 많다. 그중에서도 정말 절실하고 힘들어하는 사람들은 더 이상 잃을 게 없다는 생각에 지푸라기라도 잡는 심정으로 매달린다. 무슨 일이든지 절실하고 절박함이 있으면 자신의 에너지 전부를 끌어당겨 쓰게 된다. 이러한 사람들은 빨리 일어선다.

부동산 투자를 할 때 '내 돈을 잃으면 어떡하지?'라는 생각을 하지 말고 '어떻게 투자를 해서 돈을 많이 벌지?'라는 생각을 해야 한다. 정말 돈을 벌고 싶지 않은가! 돈이 없다면 돈을 만들어 낼 궁리를 해야 한다. 지금 당장 내 손에 있는 돈을 아까워하면서 인생을 바꾸어 보겠다는 생각을 버려야 한다. 돈이 사라질지 모른다는 두려움에서 벗어나야 한다.

부자가 되는 사람들은 생각하는 마인드부터 다르다. 어떻게 해서든지 투자금을 만들어서 미래를 보며 더 큰 기회에 투자한다. 가난한 사람들은 돈에 대한 두려움에서 벗어나지 못하고 자신의 주머니에서 돈이 빠져나갈까봐 돈을 지키려고만 한다. 돈은 계속 굴려야 더 많은 돈으로 불어난다. 꼭 잡고만 있으면 끝내 흔적도 없이 사라지게 되는 게 돈이다.

나는 돈이 중심이 아닌 내가 주체가 되는 삶을 살고 싶었다. 돈에 끌려 다니기 싫어서 부동산 투자에 집중했다. 경매로 투자의 영역을 넓혀갔다. 물건 검색 훈련과 권리 분석을 통해 좋은 물건을 보는 안목을 길렀다. 소액으로 1,000만~2,000만 원을 가지고도 아파트를 낙찰받을 수 있었다. 기존의 임대 수익이 생기는 대로 경매 투자해서 시세보다 싸게 구입을 했다. 그렇게 월세를 받다가 적당한 시기에 시세 차익을 보고 매매했다. 이러한 방식으로 재투자를 해서 부동산을 늘려 자동적으로 돈이 불어나는 구조를 만들었다.

소액으로도 수입 파이프라인을 만들 수 있다

돈이 많지 않아도 투자할 곳은 많다. 경매는 시세보다 싸게 살 수 있어 손해를 보지 않는다. 하지만 조심할 것도 많다. 어떤 투자든지 위험이 도사리고 있다. 그렇다고 피하기만 하면 안 된다. 부자가 되고 싶다면 제대로 투자하면 된다. 생각만 바꾸면 소액으로 상가, 아파트, 빌라 등으로 얼마든지 쉽게 월세 파이프라인을 만들 수 있다. 하고자 하는 의지와 행동만 있으면 된다.

지금 사는 현실에서 벗어나고 싶다면, 자신이 달라져야 한다. 돈에 상처를 받지 않으려면 경매 투자를 해야 한다. '나중에 해야지! 다음에 돈 더 모아서 할 거야'라고 생각한다면 당장 방향 전환을 해야 한다. "나중에", "다음에"라는 말을 하는 사람은 절대로 투자를 하지 못한다.

보통 사람들을 부자로 만들어 주는 유일한 도구는 부동산밖에 없다. 언제까지 돈 없다는 말을 달고 살 것인가? 기회의 문이 열려 있는데도 제대로 쳐다보지 않는 사람은 언제나 돈에 쫓기는 인생을 살면서 신세한탄만 하게 될 것이다. 돈의 두려움에서 벗어나게 해줄 수 있는 경매 투자를 하라. 돈이 얼마나 많은 행복과 즐거움을 주는 존재인지 알게 될 것이다. 부동산과 친해지면 돈은 반드시 벌게 되어 있다.

임대사업자 등록을 하고
당당하게 돈을 벌어라

02

부동산 투자에 쏟은 열정

매일 반복되는 직장생활에 지친 나는 새로운 돌파구를 찾았다. 그게 바로 부동산 투자였다. 덕분에 나는 가족과 함께 미래를 설계할 여유를 가지게 되었다. 그동안 힘들고 고통스러웠던 일들은 추억으로 변했고, 마음 깊은 곳에 감춰져 있던 희망이 떠올랐다. 그렇게 나는 행복한 엄마로 살아가게 되었다.

나는 맞벌이를 하면 돈을 금방 모을 수 있겠다는 생각으로 직장에 다녔다. 그러나 날이 갈수록 일은 더 힘들어져 갔다. 생산직이라 육체적 노동을 하다 보니 체력 소모가 많아 금방 지쳤다. 그런 공장 일을 7년이 넘도록 했다. 일에 비해 월급은 너무 적었다.

돈을 많이 벌고 싶다는 생각은 예전부터 하고 있었지만 내가 할 수 있는 게 없었다. 가게를 내고도 싶었지만 투자금이 많이 들어가 엄두가 나지 않았다.

나는 항상 생각했다. '언제쯤 돈을 많이 벌어서 공장생활을 끝낼까?' 아침에 눈을 뜨기가 싫을 정도였다. 그러던 중, 부동산에 눈을 뜨게 되었다. 내가 할 수 있는 일이 생겼다는 기쁨에 너무 행복했다. 부동산 투자는 돈이 없던 나에게 안성맞춤이었다. 돈 버는 일을 내 손으로 직접 할 수 있다는 생각에 열심히 공부하면서 투자했다. 나는 소형 아파트 위주로 샀다. 환금성이 뛰어나고 특별히 신경 쓸 일이 없으며, 시세 차익을 기대할 수 있기 때문이다. 대구에서 부동산 투자를 시작해서 차츰차츰 투자 영역을 넓혀 갔다. 투자를 계속하자 당연히 부동산도 여러 채가 생기게 되었다. 당시에는 임대사업자에 대한 지식이 없었다. 또한 세금 문제를 생각할 겨를도 없이 돈 버는 부동산 투자에만 열정을 다 쏟았다.

세금을 두려워하지 마라

그러다 은근히 세금 문제가 신경이 쓰였다. 세금을 많이 내고 싶어 하는 사람은 없을 것이다. 절세할 수 있는 방법이 있는지 알아봤다. 마침 주택임대사업자 관련 제도가 있다는 것을 알고 세금과 관련된 걱정을 덜 수 있었다. 나는 합법적으로 절세를 할 수 있는 제도가 있다는 것에 감사했다. 나라에서 임대 사업을 할 수 있도록 만들어 놓은 제도는 부동산 투자를 하는 사람들에게는 엄청난 혜택이다. 반면, 어떤 사람은 주택임대사업자 관련 제도가 돈을 버는 데 걸림돌이 된다고 생각한다. 그러나 나는 그렇게 생각하지 않는다. 한두 채일 때는 상관없지만 열 채, 스무 채가 넘으면 종합부동산세만 수천만 원씩 내야 하기 때문이다.

2017년 12월 13일, 정부에서는 '임대 주택 등록 활성화 방안'을 발표하며 임대 주택을 장려했다. 그래서 각종 혜택에 힘입은 임대사업자는 신규 주택을 매입하면서 집값을 끌어올렸다는 지적이 나왔다. 결국 주택 시장에 매물을 유도하지 못하고 주택임대사업이 각종 부작용을 일으킨다고 판단한 정부는 다음 해에 9·13 대책을 통해 세제 혜택을 대폭 축소하기로 했다. 정부의 각종 혜택 축소로 면적별로 취득세와 재산세가 면제 또는 감경되던 혜택이 9·13 대책 이후 줄어들었다.

2019년부터는 연 2,000만 원 이하 주택임대소득은 비과세에서 분리과세로 신고하거나 2020년 5월에 다른 소득과 합산해 신고해야 한다. 많은 사람들이 종합부동산세를 미리 걱정하지만 이는 부동산을 한 채라도 보유하고 있으면 모두 납부하는 것이 아니라 고가의 부동산을 보유한 일부 소유자들에게 해당되는 세금을 말한다.

예전에 비해서 세제 혜택이 많이 줄어들었지만 그래도 면석,

소재지에 따라 부동산 투자는 여전히 매력적이다. 부동산 투자를 계속 하려면 임대사업자 등록을 하고 당당하게 돈을 벌어야 한다. 예를 들어, 수도권 소형 아파트 3채에서 연 1,800만 원의 임대 수익을 올린다고 가정하자. 그러면 소형 아파트 3채를 장기 임대 등록을 했을 때 75% 세액 공제가 가능하다. 임대사업자의 경우, 필요 경비율은 60%, 기본 공제는 400만 원으로 적용된다. 장기로 등록했을 경우 납부할 세액은 12만 원 정도에 불과하지만 그렇지 않은 경우에는 100만 원이 넘는 세금을 내야 한다.

세금은 수익이 있기 때문에 내는 것이다. 나는 국민으로서 당연히 세금을 내야 한다고 생각한다. 부동산 투자를 하면서 세금을 두려워하면 안 된다. 세금 때문에 이 좋은 투자를 그만 둘 수 없지 않은가? 꾸준히 투자를 해 나가면 또 다른 기회가 찾아온다.

규제 정책을 적절히 활용하라

임대 의무 기간을 지킬 수만 있으면 주택임대사업자로 등록하는 것이 절세에 유리하다. 의무 기간에 묶여 주택을 사고팔 타이밍을 놓칠 수도 있기 때문에 단기와 장기 의무 기간을 잘 선택해야 한다. 한편, 의무 기간 안에 요건만 갖추면 주택을 팔 수 있다. 같은 임대사업자에게 매도를 하면 되고, 남은 임대 의무 기간은 넘겨받은 임대사업자가 채우면 된다. 꾸준하게 월세를 받는 시스템으로 안정적인 부자가 되고 싶다면 절세의 수단으로 임대 등록을 하면 된다. 부동산 투자를 계속 하려면 주택임대사업자로 등록을 하고 마음 편하게 투자하는 게 좋다.

나는 의무 임대 기간을 다 채운 아파트가 여러 채 있다. 단기 임대로 등록을 했기 때문에 세를 두 바퀴 돌고 나니 의무 기간이 끝났다. 하지만 등록을 취소하지 않고 내버려 두고 있다. 이렇게 보유하고 세금 혜택을 보면서 내가 팔 의향이 있을 때 임대 등록을 해지하고 매도하면 된다. 단기 임대에서 장기 임대로 변경도 가능하다. 예를 들어, 단기로 4년 있다가 장기로 변경하게 되면 4년만 더 유지하면 된다. 투자 방법에 따라서 선택하면 된다.

단기 차익을 바라고 투자하는 경우 임대사업자 등록을 하지 않아야 한다. 임대사업자가 되면 임대 의무 기간이 있어 매도를 마음대로 할 수 없다. 양도 의무 위반 시에는 최대 5,000만 원의 과태료를 내야 한다. 그리고 임대료 증액제한(연간 5% 이내)을 위반할 경우, 과태료가 3,000만 원까지 부과된다.

그러나 계속 투자를 하고 부동산이 나를 위해 일하게 하려면 임대사업자 등록은 필수다. 임대업을 하는 사람들은 정부 정책에 따라서 임대사업자 등록을 하지 않고 임대업을 할 수 없는 상황인 것이다. 그러나 임대 의무 기간만 지킨다면 여전히 유리하다. 임대 등록 신청은 취득한 매매 계약서와 건물등기사항 증명서를 가지고 시, 군, 구청 주택과에 가서 하면 된다(민원 24시를 통해 인터넷 신청도 가능하다).

현 정부의 부동산 규제로 우왕좌왕하는 사람들이 많다. 온갖 규제란 규제는 다 쏟아 부었기 때문이다. 이럴 땐 정부 정책에 맞서지 말고 잘 활용해야 한다. 필요에 따라서 언제든지 바뀔 수 있는 것이 정책이다. 우리는 이때까지 정부에서 하는 많은 정책들을 봐 왔다. 부동산 규제는 영원하지 않다. 상황에 맞게 투자를 해 나가야지 겁을 먹고 가만히 있으면 안 된다. 경기가 어려울수록 더 많은 기회가 찾아온다. 기회는 준비된 사람만이 가질 수 있다는 것을 명심하자. 선택은 당신의 몫이다.

직장이 있을 때
부동산 투자를 시작하라

03

부동산 투자로 위기에 대처하라

경기 불황이 장기적으로 이어지다 보니 현재 경기를 보여 주는 종합 지표가 14년 만에 최장기 감소세를 보였다. 또한 지난해 30~40대 취업자가 17만 7,000명 감소한 것으로 나타났다. 한국 경제를 떠받치는 '허리'격인 30~40대 취업자 수가 줄어든다는 것은 앞으로 경제가 더 어렵게 돌아간다는 뜻이다. 한참 가족을 부양하고 돌보아야 하는 시점인데 취업이 잘되지 않으면 본인을 넘어서 한 가정의 삶에 큰 타격을 받게 된다.

대부분의 사람들은 어려움에 닥치면 무언가를 찾으려고 하고 새로운 곳에 도전해 보려는 생각을 하기도 한다. 즉, 위기가 닥쳐오지 않으면 괜찮을 거라는 착각으로 현실에 안주하는 것이다. 하지만 사람일은 모른다고 하지 않는가? 대부분 방심하고 살다가 위기가 닥치면 그제야 후회한다.

나는 부동산 투자를 하면서 직장생활을 했다. 생산직이라 힘이 들었지만 부동산 투자를 하면서 한결 마음이 편해졌다. 내 자신이 점점 나아지고 있다는 것을 느끼게 되니 일도 예전처럼 힘들게 느껴지지 않았다. 부동산으로 더 많은 수익이 확보되어 안정적인 단계에 들어서면 그만둘 생각이었다.

그러던 어느 날, 남편이 복통이 심해 병원에 가게 되었다. 일반 내과에서 대장 내시경 검사를 했다. 의사는 심각한 표정으로 소견서를 써줄 테니 종합병원으로 가라고 했다. 그때부터 악몽이 시작되었다. 남편은 대장암 3기라는 진단을 받게 되었고 수술과 항암치료를 받았다. 항암치료의 부작용으로 고통스러운 하루하루를 보내면서 남편은 결국 직장을 그만둘 수밖에 없었다.

나는 남편을 간호하기 위해 일 년을 쉬었다. 당시에 남편을 일일이 다 챙겨 주어야 하는 상황이라 직장에 다닐 수가 없었다. 맞벌이를 하다가 아예 일을 하지 못하게 되니 수입이 끊기게 되면서 형편이 어려워지게 되었다. 보험금은 금방 바닥을 보였다. 그렇게 나는 가족을 책임져야 했다. 기본적으로 들어가는 생활비만 해도 만만치 않았다. 그때 마침 나는 임대를 준 아파트 만기가 돌아오면서 보증금과 월세를 올려 받을 수 있었다. 두 채가 한 달 간격으로 만기가 되면서 나에게 많은 힘이 되었다. 그때 나는 부동산이 나를 지켜주는 든든한 버팀목이란 것을 깨달았다. 어려운 환경에 놓여 있던 나를 더 이상 나빠지지 않게 붙들어 주어서 얼마나 감사한지 모른다. 부동산 투자로 미리 준비를 하지 않고 직장만 다녔다면, 아마도 나는 가정을 지킬 수 없었을 것이다.

월급만으로 불안하다면 부동산으로 눈을 돌려라

돈이 없으면 생활 자체가 어려운 것이 현실이다. 평범한 가정은 몇 달만 수입이 끊기면 집안이 엉망이 된다. 돈을 빌리기 위해 은행에 가거나 신용이 좋지 않으면 제2금융권 또는 사채를 쓰게 된다. 맞벌이를 해도 돈이 부족해서 빚을 안고 사는 게 우리가 살고 있는 사회다. 이러한 현실에 놓여 있다는 것을 빨리 인지하고 제2의 파이프라인을 만들어 대비를 해야 한다.

치열한 경쟁 사회에서 많은 시간을 바쳐서 일을 하지만 내 손에 들어오는 돈은 밥 먹고 사는 수준밖에 되지 않는다. '좀 있으면 나아지겠지!'라는 생각으로 아무리 참고 견디며 일을 해도 별반 차이가 없다. 이러한 삶은 앞으로 계속될 것이다. 육체적인 노동으로 돈을 모으는 데는 한계가 있다. 사람은 생산 활동을 할 수 있는 기간이 그리 길지 않다. 은퇴 시기도 딱히 정해져 있지가 않다. 생각지도 않게 빨리 은퇴를 하게 되는 경우도 많다.

직장인들은 언제 어떻게 될지 모르는 파리 같은 목숨이다. 그만큼 많은 사람들이 불안한 시대에 살고 있다. 현대인의 평균 수명이 늘어나면서 노후를 보내는 시간이 많이 길어졌다. 100세 시대에 30년 이상을 노동력을 상실하고 수입이 끊긴 채로 살아야 한다면 엄청난 고통이 따르게 될 것이다. 늘어난 수명이 축복이 아닌 재앙이 된 셈이다. 가족과 함께 행복하고 즐거운 노후생활을 보낼 수 있도록 직장이 있을 때 현금 흐름을 구축해야 한다.

건강과 직장은 언제든지 잃어버릴 수 있다. 이 요소들은 돈하고 직결되기도 한다. 이 불안한 요소를 제거하기 위해서는 내 몸을 움직여서 돈을 버는 것이 아니라 부동산이 스스로 돈을 벌어다 주는 시스템이 필요하다. 직장인들은 현재의 삶에 만족해하면서 살면 안 된다. 현실에 안주하고 변함없는 삶을 살다가 10년이 지난 후에도 분명 환경이 변하지 않고 더 나빠진 자신을 마주하게 될 것이다. 요즘은 젊은 사람들이 직장생활로 살아가기 힘들다는 것을 더 잘 안다. 월급을 받아 한 달 필요한 경비를 빼고 나면 남는 돈이 없다. 그래서 일찌감치 부동산 투자에 눈을 돌리고 있다.

대구에 사는 33세 직장인 이경철 씨는 2018년 3월에 경매 수업을 듣고 4,000만 원으로 아파트 3채, 상가 1채를 보유 중이다. 경매 과정 3주 만에 경남 고성 아파트 낙찰을 받고 수료 후 바로 아파트 2채를 낙찰받았다. 그리고 5달 만에 네 번째 물건인 경기도 이천에 있는 상가를 낙찰받기에 이르렀다.

24세 직장인 김태영 씨는 몇 달 전 경매 과정 2주 만에 부산 아파트를 낙찰받았다. 그리고 지금 두 번째 물건을 낙찰받기 위해 물건 검색을 하고 있다. 이렇게 직장인들이 부동산 투자에 집중하는 이유는 미래에 경제적 자유와 가족과 보낼 시간을 확보하기 위해서다. 저축만으로 돈에 끌려 다니는 삶에서 탈출할 수 없다는 것을 잘 알기 때문에 발 빠르게 준비를 하는 것이다. 부동산 투자를 한 사람과 안 한 사람과의 차이는 점점 더 벌어지게 된다. 부동산 투자에 대한 생각이 바로 정립되지 않으면 절대로 부자로 살아가지 못한다.

직업이 있어야 부동산 투자를 제대로 할 수 있다

부동산 투자는 자본 운용을 잘하면 돈을 만들어낼 수 있는 시스템이다. 직장인들이 적은 돈으로 부자가 될 수 있는 최고의 재테크다. 직장을 다니고 있어야 마음 편하게 투자를 할 수 있다. 직장에서 나오는 월급으로 생활을 하고 투자는 별개로 이어가야 한다. 처음 시작할 때부터 직장이 없다면 돈에 쪼들려서 투자를 하지 못한다. 부동산 투자는 대출이 필요하기 때문에 월급이 꼬박꼬박 나오는 직장이 있어야 하고, 이를 통해 제대로 된 투자를 할 수 있다.

요즘 은행에서는 예전처럼 담보 물건이 있다고 해서 아무에게나 대출을 해 주지 않는다. 신용도를 확인하고 대출이자를 원활하게 잘 갚는 사람에게 대출을 해준다. 그래서 직업이 있어야 부동산 투자를 제대로 할 수 있다. 또 다른 방법으로 수입을 증명하면 대출이 가능하다. 하지만 직장을 갖고 있는 상태에서 부동산 투자를 하면, 보다 안정적으로 투자를 잘할 수 있다는 것을 명심해야 한다. 돈 나올 구멍이 없는 상태에서 투자를 하게 되면 시간에 쫓기게 되고, 제때 수익을 낼 수 있는 시기를 놓치는 경우가 발생하게 된다. 그리고 마음의 여유가 없으면 조급함으로 실수를 하는 경우가 발생한다.

직장이 있을 때 부동산 투자를 해야 한다. 누구에게나 살아가면서 크고 작은 일들이 생기게 마련이다. 지금 가장 안정적일 때 차근차근 준비를 하면 나중에 큰 힘이 되어줄 것이다. 나와 가족의 미래를 위해서 부동산에 관심을 가져야 한다. 많은 돈을 버는 방법으로 부동산 투자가 그 어떠한 투자보다 강력하다. 이제 더 이상 파리 목숨으로 살지 말자. 직장생활을 즐겁게 하면서 부동산 투자로 안정적인 수익 시스템을 만들어 밝은 미래를 만들어 가자.

급매물을 찾아서
투자를 한다

04

경기의 흐름을 잘 읽는 것이 중요하다

나는 부동산 투자를 하면서 종잣돈이 많았으면 하는 생각이 절로 들었다. 좋은 물건을 발견하면 꼭 사고 싶은 욕망이 끓어오른다. '얼마만 더 있으면 하나 더 살 수 있는데…'라는 생각이 머리에서 떠나지 않는다. 이런 마음은 부동산 투자를 하다 보면 자연스럽게 생기게 된다.

투자금이 많지 않으면 적은 돈으로 투자할 물건을 찾는 게 가장 중요하다. 일일이 부동산 물건을 확인하기 힘들기 때문에 먼저 '네이버 부동산' 검색으로 가격과 시세 흐름을 파악해야 한다. 그런 다음 해당 부동산에 가서 매수할 물건을 협상해야 한다. 그리고 매수에만 신경 쓰지 말고 매수할 물건을 좋은 가격에 세를 놓

186

을 수 있는지, 수요가 탄탄한지를 반드시 살펴보아야 한다. 제값의 세를 받아야 돈의 흐름이 끊기지 않기 때문이다. 세를 놓는 시기와 주변의 입주하는 시기가 겹치면 공급 물량이 넘치기 때문에 보증금과 월세를 낮춰서 놓아야 한다. 주변의 수요와 공급을 잘 따져 보고 확인해야 손해를 보지 않는다.

나는 적은 투자금으로 부동산을 더 많이 가지기 위해 무조건 급매물만 찾아 나섰다. 부동산 투자를 처음 시작하면서 나 자신과 약속한 것이 하나 있었다. 아무리 갖고 싶은 물건이 있어도 급매로 시세보다 10~20% 이상 아니면 거들떠보지 않기로 했다. 나만의 원칙을 세워야 투자를 길게 할 수 있다는 생각이 들었다.

그리고 부동산 중개인과 친분을 쌓아 나갔다. 주변의 부동산 매물에 대해서는 중개인만큼 잘 아는 사람이 없다. 그들은 부동산 근처의 아파트 정보를 꽉 잡고 있다. 중개인들도 이왕이면 친분이 있고 믿을 만한 사람에게 좋은 물건과 급매물을 소개해 주고 싶어 한다.

달서구에 시세보다 저렴한 물건이 나왔다는 소식을 듣고 아파트를 둘러보았다. 한눈에 봐도 리모델링이 다 되어 있어 세입자를 금방 구할 수 있을 정도로 좋았다. 이런 경우는 드물지만 중개인과 친분을 잘 쌓아놓았기 때문에 누구보다 먼저 접할 수 있었다. 정을 나눌수록 더 가까워지고 무엇이든지 하나라도 더 가르쳐주고 싶은 것이 사람 마음이다.

시세가 좋을 때 2억 원까지 거래가 된 로얄층에 리모델링이 되어 있는 물건이 급매물로 1억 5,800만 원에 나왔다. 내가 소개받은 물건은 1층이었다. 하지만 엄청 싼 가격이었다. 1층이어도 정남향에 집 구조가 예쁘게 잘 나와서 세입자를 구하는 데에도 문제가 되지 않았다. 보통 투자자들은 1층에 투자하기를 꺼린다. 하지만 상황에 따라 조건이 괜찮으면 투자를 해도 좋다. 아이를 키우는 부모들은 1층을 선호하기 때문에 주변 환경과 학군이 괜찮으면 매매를 해야 한다.

부동산 경기는 주기적으로 오르락내리락한다. 투자를 통해서 수익을 얻기 위해서는 경기의 흐름을 잘 읽어 나가는 것이 중요하다. 요즘 정부의 부동산 규제 정책으로 부동산 시장이 정체되고 있다. 이럴 때일수록 급매물을 살 수 있는 기회가 많아진다. 남들이 부동산 경기가 가라앉았다고 등한시하고 쳐다보지 않을 때 알짜배기 물건을 잡을 수 있다. 이런 시장에서는 제값을 다 주고 사면 안 된다. 내린 시세에서 급매물을 잡아야 시세가 더 내려가도 안정적인 투자를 할 수 있다. 부동산 가격이 좀 빠진다고 하더라도 손해 보지 않을 안전망을 만드는 것으로 좋은 투자를 할 수 있다. 경기가 회복되면 시세 차익을 많이 볼 수 있다.

대구 성서에 있는 23평 소형 아파트를 급매로 1억 5,300만 원으로 샀다. 시세는 1억 8,000만 원 정도에 거래가 되고 있는 물건이다. 역세권에 관공서, 학군, 마트가 잘 갖추어진 곳이라 수요가 많다. 하지만 수요가 많은 데 비해 매물이 없어 1억 5,000만 원에 전세 계약을 했다. 주변 인프라가 좋아서 세입자를 금방 구할 수 있었다. 전세가율이 90%가 넘어 가는 곳인데다 급매로 집을 샀기 때문에 실투자금은 300만 원밖에 안 들어갔다. 급매와 전세가율을 이용해서 초기 투자금이 적게 들어간 알짜배기 투자였다. 보통 나는 소형 평수로 접근한다. 환금성이 뛰어나고 희소성으로 인해 손해 볼 일이 없기 때문이다.

주의할 점도 있다. 급매물을 살 때 대형 평형은 피해야 한다. 대형 평형은 수요가 많지 않아 환금성이 뛰어나지 않다. 또한 돈 회전이 필요할 때 손해를 보고 팔아야 할 경우가 생긴다. 그리고 수요가 낮은 매물은 하자가 있는 물건 혹은 법적인 문제가 있는 물건을 내놓는 경우가 있기 때문에 주의를 기울여야 한다.

전세 보증금으로 소형 아파트에 투자하라

우리나라는 전 세계에서 유일하게 전세 제도가 있는 나라다. 전세금이 레버리지 역할을 하게 되면서 돈이 많이 없어도 부동산 투자를 할 수 있는 환경에 놓여 있다. 하지만 보통 사람들은 남의 돈으로 투자하는 것을 싫어한다. 일단 빚이라고 생각하기 때문에 자기 돈을 가지고 하지 않으면 불안해하는 사람들이 많다. 하지만 투자에 대해 바로 알면 걱정할 필요가 없다. 나는 부동산 투자를 할 때 은행에 대출을 받아서 부동산을 사기도 하지만 전세 보증금을 활용해서 집을 산다. 전세 보증금은 세입자로부터 무이자로 빌려 쓰는 것이다. 즉, 그 돈으로 부동산 투자를 한다는 말이다. 그렇게 되면 내 돈은 조금만 들어가고 아파트, 빌라를 살 수 있다. 세입자의 전세 보증금이 레버리지 역할을 하는 셈이다. 그러면 나의 임대 사업은 활성화가 되는 것이다.

전세가율이 높은 곳을 고르면 투자금을 적게 들이고 소형 아파트를 사서 임대를 줄 수 있다. 전세가가 높다는 것은 곧 그 아파트에 대한 수요가 어느 정도인지를 보여 준다. 물건의 가격은 수요와 공급에 따라서 결정되기 때문에 이런 소형 아파트는 투자 가치가 높다. 같은 지역의 아파트인데도 다른 아파트보다 유독 전세가가 높은 경우가 있다. 그것은 직장과 학교가 가까워서 살기 편한 곳으로 사람들이 선호하는 아파트이기 때문이다. 이러한 아파트의 전세가가 나중에 매매가를 끌어올리는 역할을 한다. 다만, 일시적으로 공급이 부족해서 단기간에 전세가율이 올라가는 곳은 피해야 한다. 3년 패턴으로 꾸준하게 전세가가 상승한 곳을 찾아야 한다.

알짜배기 급매물에 투자하라

요즘은 부동산 경기가 침체되면서 매매 거래가 잘되지 않는다. 실수요자와 투자자들이 매수를 포기하고 전월세로 눌러앉기를 원한다. 투자자들은 움츠리고 관망만 한다. 하지만 이럴 때일수록 집값이 떨어져 급하게 팔려는 사람들이 생기면서 급매물이 나온다. 이런 아파트에 전세가율이 높은 곳이 매력적인 투자처다. 그러나 전세가율이 낮아도 급매물로 시세 차익을 보기 위해 투자를 하는 것도 괜찮다. 투자자의 상황에 맞게 투자를 하면 된다. 일단 급매로 싸게 사서 전세로 임대를 하게 되면 적은 투자금으로 투자가 가능하다.

급매물은 시세보다 싸기 때문에 위험이 없다. 일반 매매 시장에서 유일하게 싸게 살 수 있는 방법이다. 내 돈이 투자금으로 적게 묶여야 더 많은 부동산에 투자할 수 있다. 알짜배기 급매물을 찾아서 시세 차익과 임대 수익을 얻는 최상의 투자를 하기 위해 적극적으로 부동산 투자를 해야 한다. 적은 돈이라도 투자할 곳을 찾을 때 보물 같은 물건을 만나게 된다. 투자자는 자신의 실투자금을 최소한으로 해서 최대의 수익률을 만들어 내야 한다. 이러한 행동은 돈을 버는 촉매 역할을 할 것이다.

종잣돈이 없을수록
경매 투자가 유리하다

경매 투자, 누구나 할 수 있다

돈을 많이 벌고 싶다는 마음으로 부동산 투자를 시작하려고 하지만 투자할 종잣돈이 없어서 애를 태우는 사람들이 많다. 먹고살기 바빠 제대로 돈을 모으지 못했기 때문이다. 주변 지인들이 부동산 투자로 몇억 벌었다는 이야기를 듣기도 하고 더 좋은 환경으로 이사를 가는 경우를 보게 되면, 정말 부동산 투자밖에 없다는 생각을 하게 된다. 서민들이 단기간에 돈을 벌 수 있는 방법은 부동산 투자가 유일하다.

매일 반복되는 일상으로 삶이 나아질 기미가 보이지 않자 '부동산 투자를 해 볼까?'라는 생각으로 책을 펼친다. 그러나 부동산 공부를 하고 직접 투자까지 이어지기가 쉽지 않다. 사람들은 책으로 접하는 부동산 투자가 어렵고 힘들다고 여긴다. 종잣돈이 많이 있어야 한다는 생각과 어떻게 투자를 시작해야 하는지를 알지 못해서 결국 부동산 투자 한번 해보지 못한다. 책으로만 공부를 한다고 투자를 잘할 수 있는 것이 아니다. 책으로 지식을 쌓았으면 무조건 배운 것을 직접 실행에 옮겨야 한다.

"대표님, 부동산 투자로 돈을 벌고 싶은데 투자금이 많지 않아요. 2,000만 원이 전부인데 투자를 할 수 있을까요?"

"2,000만 원으로 충분히 할 수 있어요. 하고자 하는 열정과 의지와 행동만 있으면 그 돈으로 시작해서 더 많은 돈을 벌 수 있습니다."

나를 만나러 오면 제일 먼저 질문하는 것이 '모아둔 돈이 별로 없다'는 것과 '부동산 투자를 전혀 모르는데 할 수 있는지'다. 보통 사람들은 '부동산 투자'라고 하면 적어도 5,000만~6,000만 원 정도 있어야 투자가 가능할 거라고 생각한다.

부동산 투자에도 여러 종류의 방법이 있다. 돈이 많이 들어가는 투자도 있지만 소액으로도 가능한 투자가 있다. 소액 투자로 수익을 올리고 계속해서 투자를 해 나가 부동산을 늘려서 임대 수익과 시세 차익을 얻을 수도 있다. 이처럼 종잣돈이 별로 없어도 경매를 하면 얼마든지 소액으로 투자를 할 수 있다. 투자금이 부족해서 투자를 하지 못하겠다고 손을 놓으면 안 된다. 투자를 할 수 있는 방법을 찾으면 되는 것이다. 돈이 없는 사람은 경매 투자로 눈을 돌려 보면 엄청난 세상이 보일 것이다.

나 역시도 부동산을 많이 사고 싶은데 투자금이 부족해서 적은 돈으로 부동산을 늘리는 방법을 생각했다. 그러다가 경매 투자를 접하게 되었고, 소액으로 부동산을 늘려 갔다. 경매 투자는 누구든지 할 수 있는 투자다. 돈이 없을수록 경매 투자가 유리하다. 시세보다 싸게 사기 때문에 처음부터 이기고 시작하는 투자다. 원금 손실 없이 수익을 볼 수 있다. 돈 많은 사람들이 하는 일반 매매 시장에 끼여서 남들 돈 버는 구경만 하지 말고 직접 물건을 골라 낙찰가를 정해서 입찰을 하는 안전한 투자를 하면 된다.

투자금이 적게 들어가는 물건을 공략하라

구미에 사는 30대 김나영 씨는 과정 4주 만에 실투자금 300만 원 내외로 인천 빌라를 낙찰받았다. 시세는 7,800만 원으로 낙찰가는 6,000만 원이었다. 보증금 500만 원에 월세 45만 원으로 임대를 했다. 1년 거치 연 임대 수익률 100% 내외, 1년 후 원금분할 상환을 적용해 연 임대 수익률 40% 내외로 아주 성공적인 투자다.

김나영 씨는 자신이 직접 해내고 나서 자신감이 넘쳤다. 이렇듯 투자를 한 번도 해보지 않아도 혼자서도 술술 잘하게 되는 비법이 있다. 김나영 씨는 적은 돈이지만 직접 투자를 하기 위해 스스로 행동했다. 자신의 부족한 부분은 전문가를 찾아서 보완하면서 경매 기술을 배웠다. 그녀는 그 노력으로 빠르게 실전 투자를 하며 수익을 올리고 제대로 된 투자의 길로 들어섰다. 처음이 힘들지 한번 제대로 배우면 어렵지 않게 잘할 수 있다. 한 번보다 두 번, 세 번 단계적으로 할수록 점점 더 쉬운 투자를 할 수 있다. 갈수록 진정한 투자자의 모습을 갖출 것이다.

경기도에서 직장생활을 하는 29세 김동훈 씨는 모은 돈이 1,500만 원 정도였다. 물가는 하루가 다르게 오르고 월급은 생활하기에 턱없이 부족하다 보니 젊은 나이지만 미래가 걱정되었다. 결혼을 해야 하고 집도 마련해야 하는데 월급으로는 도저히 어떻게 할 수가 없었다. 그래서 그는 투자를 해야겠다는 생각으로 나를 찾아왔다. 갑갑한 현실에서 자신이 할 수 있는 방법은 부동산 투자밖에 없다고 생각한 김동훈 씨는 내 책을 읽고 내가 직접 운영하는 〈한국부동산투자코칭협회〉 카페를 이미 둘러보고 왔었다. 그는 유독 낙찰을 많이 받기도 하지만 경매 과정 중에도 낙찰을 받는 모습을 보고 의아했다며, 상담을 빨리 받고 투자를 하고 싶었다고 했다. 그는 그날 바로 과정 등록을 하고 실전 투자를 하며 공부하기 시작했다.

김동훈 씨는 열정적인 사람이었다. 과정 2주 만에 대전에 있는 시세 8,500만 원 빌라를 7,000만 원에 낙찰받았다. 그리고 7,500만 원에 전세 계약을 했다. 그는 첫 번째 물건을 낙찰받고 임대 계약까지 마친 후에 바로 두 번째 물건 검색에 들어갔다. 빌라는 아파트처럼 가격이 일률적이지 않고 한눈에 다 파악도 되지 않는다. 물건마다 가격이 다른 경우가 많다. 또한 물건의 상태와 주변 환경에 따라 가치가 달라지며 같은 물건이라도 내부가 깨끗하고 인테리어가 잘되어 있으면 다른 물건보다 세를 더 많이 받는다. 빌라는 매매가에 비해 전세금과 월세 수익률이 높다. 따라서 종잣돈이 적은 사람은 투자금이 적게 들어가는 물건을 공략하면서 돈을 불리는 시스템으로 투자를 해야 한다. 매매가 대비 월세 수준이 높은 물건을 찾고 낙찰가와 전세가의 차이가 적은 물건을 찾아서 투자를 해야 한다.

돈이 없을수록 부동산 투자를 하라

자본주의 사회에서 돈을 빼고는 살 수가 없다. 우리는 돈만 있으면 해결되는 세상에 살고 있다. 점점 더 '빈익빈부익부' 현상이 심해지고 있다. 가난한 사람일수록 더욱 가난해지고 재산이 많은 사람일수록 더 큰 부자가 되는 게 현실이다. '살다보면 나아지겠지! 다들 이렇게 살잖아'라는 생각으로 살다가는 큰 코 다친다. 나역시도 그렇게 살다가 뒤늦게 깨닫고 부동산 투자에 올인했다. 투자를 하면서 느꼈던 것 역시 돈이 없는 사람이 부자로 살아갈 수있는 방법은 부동산 투자밖에 없다는 것이었다. 왜 진작 하지 않았는지 많은 후회가 되었다. 지금도 많은 사람들이 돌고 돌아서 경매 투자를 하고 있다.

미래가 걱정된다면 무조건 부동산 투자를 해야 한다. 예전에는 40~50대가 부동산에 관심을 가지고 투자했다면 요즘은 20~30대 젊은 사람들이 더 빠르게 움직이고 있다. 돈이 없다고 부동산 투자를 미루지 말고 돈을 버는 방법을 찾으면 된다. 종잣돈이 없을수록 경매 투자가 유리하다. 내 돈을 잃지 않고 투자금을 불리는 투자는 경매가 최고다.

돈을 모아서 투자를 한다는 사람은 돈이 있어도 투자를 할 가능성이 거의 없다. 없는 사람은 돈이 조금만 모여도 돈이 들어갈 곳이 생기게 마련이다. 그렇게 계속해서 악순환의 반복일 뿐이다. 돈이 없다고 자포자기하지 말자. 내가 어떻게 해야 돈을 벌 수 있는지 생각하자. 그리고 실행하자. 그것이 지루한 삶에 변화를 주는 신호탄이 될 것이다.

경매 투자 공부 제대로 하면
평생 써먹는다

좋은 대학, 좋은 직장이 인생의 전부는 아니다

보통 부모들은 자녀들에게 초등학교 때부터 공부를 열심히 해야 잘 살 수 있다고 가르친다. 눈에 넣어도 안 아플 아이를 보면서 행복하게 살기를 바라는 마음으로 공부를 시킨다. 부모들은 자녀가 좋은 대학에 들어가 공무원, 대기업, 전문직을 갖기를 원한다. 그래야 성공한 인생이라고 생각하고 행복해질 수 있다고 믿기 때문이다.

이런 마음을 갖고 자녀들을 키우게 되는 이유는 내 아이만큼은 절대로 고생시키고 싶지 않기 때문이다. 우리나라에서는 그나마 공부를 잘해야 안정적인 직장에 다닐 수 있고 먹고사는 데 지장이 없다고 생각한다. 많은 사람들이 "행복은 성적순이 아닙니다."라고 말은 하지만 실질적으로는 뒤처질까 봐 자신의 자녀들에게는 열과 성의를 다해서 교육을 시킨다.

회사에서는 직원을 채용할 때 성적을 기준으로 삼아 그 사람을 평가한다. 때문에 일단 공부를 잘하지 않으면 아무리 자신이 가고 싶은 회사나 하고 싶은 일이 있어도 할 수 없다. 이게 현실이기 때문에 사람들은 "공부, 공부" 하는 것이다. 대체적으로 부모들은 자신이 부자로 살지 못한 이유를 '공부를 많이 하지 못해서'라고 생각한다.

부모님 세대 때는 공부를 열심히 해서 공무원이 되거나 대기업에 취직하면 어느 정도 여유롭게 살았다. 하지만 시대가 바뀌었다. 세상은 너무나도 빠르게 변했다. 지금 우리는 기존에 있는 많은 직업들이 서서히 사라지고 새로운 직업이 생기는 4차 산업 혁명 시대에 살고 있다. 정년퇴직은 점점 빨라져서 40~50대에도 퇴직을 해야 하는 실정이다. 사회생활을 하다 보면 금세 깨닫게 된다. 결국 월급이라는 틀에서 벗어나지 못하는 현실은 좋은 대학, 좋은 직장이 인생의 전부가 아니라는 것을 말이다. 그렇게 자본주의 사회에서 돈의 중요성을 알게 되면서 다른 길을 찾으려고 한다.

직장인이 고액 연봉을 받는다고 해도, 그들은 회사에서 시키는 대로 일을 해야 한다. 그것도 모자라 사장 포함 상사의 비위를 잘 맞추어야 한다. 회사에서 열심히 일을 하고 돈을 벌지만 어떠한 일 한 가지도 내 의지대로 결단을 내리고 행동할 수 없다. 윗사람과 동료의 눈치를 보며 사는 것이 일상이다. 이렇듯 남이 시키는 일을 하고 있는 사람은 주체적인 삶을 살아갈 수 없다.

스펙 쌓을 시간에 돈 버는 공부를 하라

서울에서 직장을 다니는 40대 직장인 이정애 씨는 경매 투자를 하려고 했다. 그녀는 자녀가 세 명인 워킹맘이다. 그녀는 언제까지 계속 직장생활을 할 수 있을지 불안정했다. 더군다나 자녀가 세 명이다 보니 돈 들어 갈 곳이 많았다. 저축할 돈이 부족해지면서 그녀는 자신이 움직이지 않아도 돈이 들어오는 구조를 만들기 위해 투자를 결심했다. 그렇게 이정애 씨는 지금 조금이라도 돈이 있을 때 미리 준비하지 않으면 나중에 닥쳐올 어려움을 극복하기가 힘들 거라는 생각에 경매를 선택하게 되었다.

직장인들도 월급으로만 살 수 없다는 것을 너무 잘 안다. 하지만 변화가 두려워 현실에 안주하며 사는 사람들이 다반사다. 그 외 소수의 사람들은 월급 외에 수입이 들어오는 방법을 적극적으로 찾는다. 주식, 펀드, 가상 화폐 등 돈을 벌 수 있는 곳에 투자한다. 그러나 처음에 돈을 조금씩 넣고 시작하다가 점점 투자를 확대하면서 손해를 보며 빚을 지는 경우가 생긴다. 이렇게 사람들이 손해를 보고 나서 찾는 것은 결국 부동산이다.

우리 사회는 더 이상 좋은 직장, 좋은 학벌이 경제적 자유를 가져다주지 못한다. 이제는 돈 버는 기술을 배워야 한다. 직장을 다니면서 추가 수입을 만들고 신경을 쓰지 않아도 돈을 벌어다 주는 구조를 만들어야 한다. 경매 시장은 대출을 지렛대 삼아 단기간에 소액으로 성과를 낼 수 있는 유일한 투자다. 경매 수익 구조를 완전히 파악한 후, 낙찰받은 금액 이하로 떨어지지 않을 물건에 입찰하면 된다. 결과가 보이는 곳에 투자하는 경매는 안정적이고 목돈이 적게 들어가므로 가성비 좋은 재테크다.

우리에게 돈은 엄청나게 큰 존재다. 돈이 없다면 제대로 할 수 있는 것이 없다. 이제는 스펙을 쌓는 공부가 아닌 돈 버는 공부를 해야 할 때다. 돈하고 떨어져 살 수 없는 인생이라면 반드시 배워서 나의 것으로 습득해야 한다. 경매 투자, 제대로 배우면 평생 써먹는다.

만약 주위를 아무리 둘러보아도 부자로 살아가는 사람이 없고, 자신과 비슷한 처지의 사람들로 둘러싸여 있다면 빨리 그곳에서 벗어나야 한다. 주위 환경이 비슷하면 항상 제자리 삶을 살아갈 수밖에 없다. 무엇보다 자신의 의지와 행동이 중요하다.

돈 버는 기술 없이 남이 차린 회사에서 아무리 최선을 다해 열심히 일해 봤자 가족의 생계를 책임질 수 없다. 공무원도 마찬가지다. 연금을 바라보고 안정적인 직장생활에 만족하지만 부자로는 살아가지 못한다. 젊은 시절에 일만 하다가 나이가 들면 먹고 살 수 있을 정도의 연금으로 노후를 보내게 된다. 하지만 우리는 이렇게 살려고 이 세상에 태어난 것이 아니다. 가족들과 좀 더 자유롭고 풍요롭게 살고 싶은 것이 대부분의 소망일 것이다. 대기업 직장인들도 많은 업무에 시달릴 뿐 아니라 정년퇴직도 빨라져서 노후가 불안하다. 회사를 그만두고 퇴직금으로 창업을 하다가 그나마 있는 퇴직금도 다 날리게 되는 경우를 많이 본다. 이는 돈 버는 방법을 제대로 알지 못해서 생기는 실수다. 반드시 내 돈을 지킬 수 있는 안정적인 투자를 해야 한다는 것을 명심하자.

배운 즉시 투자하라

부동산 경매를 통해 시세보다 저렴하게 낙찰받아 시세 차익이나 임대 수익을 얻을 수 있다. 실수요자들까지도 부동산 경매로 내 집을 마련하기 위해 많은 관심을 가지고 경매 시장에 뛰어들고 있다. 경매 투자를 제대로 배우면 내 자산은 물론 가족들에게 안정적인 생활과 시간적 자유까지 선물할 수 있다. 그렇다고 무작정 경매에 뛰어들면 안 된다. 다른 투자보다 안전한 것은 사실이지만 경매에 대한 지식이 없는 상태에서 무작정 투자를 한다고 해서 수익을 올릴 수 있는 것은 아니다. 그렇다고 겁먹을 필요는 없다. 경매 투자는 배우면 누구나 쉽게 할 수 있다.

대부분 경매 관련 학원에서는 지식을 집중적으로 가르치는 데 많은 시간을 할애한다. 하지만 아무리 많은 시간을 투자하고 배운들 절대로 실전 투자에서 사용하지 못한다. 이론공부로는 실제 돈 버는 투자로 이어지지 못하기 때문이다. 사람들은 투자해서 돈을 버는 일에 두려움이 많다. 그렇기 때문에 실제로 한 번도 해보지 않은 투자를 행동으로 옮기기 쉽지 않다. 이렇게 이론공부에 빠져 있는 사람은 반쪽짜리 공부를 하는 것이다. 시간과 돈을 투자했지만 자신이 가져 갈 수 있는 것은 결과적으로 아무것도 없다. 오히려 시간과 돈만 낭비하는 꼴이 되고 만다. 돈을 버는 가장 빠른 길은 배운 즉시 투자를 하는 것이다. 경매공부와 실전 투자가 동시에 이루어지는 투자가 부자로 가는 지름길이다. 그것을 바탕으로 자신에게 맞는 투자 방향을 잡아 투자 감각을 키워 나간다면 그것이야말로 평생 써먹는 공부가 된다.

평생 써먹는 경매 투자를 제대로 배우면 부자로 가는 길이 매우 빠르다. 대부분의 사람들은 돈이 많이 생기면 우선 공부를 하고 지식을 쌓은 다음 투자하겠다고 한다. 정말 잘못된 생각이다. 지금 돈이 없기 때문에 제대로 경매 투자를 배워야 한다. 사람들은 언제나 돈이 부족하다. 돈을 좇기만 하다가 줄곧 가난한 삶을 살아간다. 부자가 되고 싶다면 부자들처럼 돈을 당길 수 있는 힘을 기르는 게 중요하다. 경매 투자는 누구에게나 열려 있다. 010 6607 6227로 연락하면 제대로 된 경매 투자 비법을 전수해 줄 수 있다. 의지를 가지고 행동하는 사람에게만 부자가 되는 길이 열린다는 것을 명심하자.

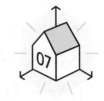

불황일수록 경매 투자가
더 매력적이다

불황은 차익을 볼 수 있는 적기다

9·13 부동산 대책 이후 강화된 대출 규제와 금리 인상 우려로 수도권을 중심으로 평균 응찰자가 감소하기 시작했다. 전국의 법원 경매 주요 지표가 하락하고 있다. 2018년 11월 전국 낙찰가율이 70.5%로 떨어졌다. 낙찰가율 하락은 응찰자들이 보수적인 가격으로 낙찰을 받는다는 것이다. 부동산 불황으로 거래가 급감하는 거래절벽 상황에서는 급매보다 물건을 싸게 낙찰받을 수 있는 기회가 더욱 많아진다. 매매 시장은 움츠러들고 거래가 이루어지지 않지만 경매 투자는 차익을 볼 수 있는 적기인 셈이다.

2017년까지만 해도 부동산이 활황이라 많은 투자자들이 경매 시장에 뛰어들었고, 낙찰가율이 90%를 넘는 거래가 다반사였다.

그러다 보니 시세 차익이 크지 않았다. 그러나 대출 규제와 금리 인상으로 부동산 거래가 위축되고, 너도나도 덤벼들었던 소액 투자자들이 얼어붙은 부동산 시장을 지켜보면서 투자를 멈춘 상태다. 그 여파로 낙찰가율이 낮아지는 추세로 이어지고 있으며 소액으로도 충분히 시세 차익을 기대하는 시장이 되어버렸다.

내가 부동산 투자를 했던 때는 집값이 하락하고 있던 불황이었다. 많은 사람들이 집을 사지 않고 전월세로 눌러앉기도 하고 심지어 집을 팔고 전세로 들어가는 사람들도 있었다. 보통 집값 하락으로 자산이 줄어들까 봐 걱정을 하는 사람들이 이러한 행동을 했다. 내 주위에도 이런 사람들이 더러 있었다. 하지만 나는 집값이 내려갈 때 부동산을 샀다. 한 푼 두 푼 하는 물건이 아닌 부동산이 끝도 없이 하락하지 않을 거라는 판단을 했다. 집을 사고 하락장이 지나자 서서히 상승기가 오면서 부동산이 오르기 시작했다. 이때 싼값에 부동산에 투자를 했던 사람들은 부자가 되고 부자들은 더 큰 부자가 되었다.

부동산 시장이 주기적으로 이러한 패턴을 가지고 있다는 것은 많은 사람들이 알고 있다. 하지만 머리로만 이해할 뿐, 막상 현실에서 닥치게 되면 불안해하고 돈을 잃을까 봐 투자할 생각을 하지 못한다. 그러고 나서 남들이 돈을 벌고 나면 "그때 샀어야 했는데!" 하며 후회한다. 보통 사람들은 항상 이런 식으로 기회를 놓쳐 버린다. 내려갈 때가 있으면 반드시 회복기가 있기 마련이다. 이것이 경제의 원리다. 2008년 미국발 금융위기로 금리가 오르자 집값이 폭락했고, 많은 사람들이 두려움에 소유한 부동산을 처분했다. 하지만 부동산 하락은 오래 가지 않았다. 집값이 다시 회복되자 많은 사람들은 폭락했을 때 부동산을 사지 못한 것을 후회했다.

많은 사람들은 언론에서 집값이 하락하고 있다는 보도를 접하면 위축되고 움츠러든다. 그러한 행동은 곧 부동산 시장을 얼어붙게 만든다. 실제로 부동산이 내릴 때는 오를 때에 비해 조금 내렸을 뿐인데도 언론에서는 엄청 떨어진 것처럼 보도를 하는 경향이 있다. 사람들은 이러한 보도를 보고 지레 겁을 먹고는 부동산 투자를 하지 않고 관망한다. 이에 언론에서는 다시 부정적인 기사를 쏟아낸다. 하지만 과거에도 그랬듯이 지금도 부동산 시장은 비슷한 패턴으로 흘러가고 있다. 영원한 폭락은 없다. 떨어질 때가 있으면 반드시 오른다는 것을 기억하자.

경매 시장은 불황일수록 물건이 속출한다

불황일 당시에 지인은 자산을 지키고 싶은 마음에 집을 팔고 전세에 들어갔다. 하지만 지금은 자산을 지키기는커녕 전세 보증금 올려 주기에 바쁘다. 내 집 마련은 물 건너간 지 오래다. 부동산에 대한 공부가 전혀 되어 있지 않기 때문에 누군가에게 부정적인 말 한마디라도 듣게 되면 그 사람 말에 의존하게 된다. 잘 모르기 때문에 남의 말에 휘둘리게 되는 것이다. 하지만 투자 심리가 위축된 지금이야말로 경쟁자 없이 더 많은 수익을 얻을 수 있는 기회다. 투자법을 제대로 배우고 위험을 줄이는 방법만 안다면 누구나 얼마든지 수익을 낼 수 있다. 모든 투자에는 위험이 따르기 마련이다. 경매 투자에서 실패 없는 투자 방법을 터득하기 위해서는 반드시 전문가에게 조언을 듣고 물건 검색과 권리 분석, 시세 파악 등을 배워야 한다. 그리고 실전 투자를 하면서 이론과 실무를 익혀야 한다.

보통 사람들은 부동산 시장이 얼어붙기 시작하면 몸을 사린다. 집값이 떨어지는 것을 보고 잘못하다가 손해를 볼 수 있다는 생각에 투자를 하지 않고 가만히 지켜본다. 그러다가 투자자들이 모여들기 시작할 때 움직이기 시작한다. 2013년에도 장기 침체 중인 부동산 경기 속에서도 경매 시장은 활황이었다. 집값 하락으로 부채가 늘어나면서 원리금 상환이 어려운 부동산이 대거 경매 시장으로 유입되었다. 그때 집을 구하려는 실수요자들과 투자자들은 가격이 저렴한 경매 시장으로 몰렸다.

요즘 부동산 시장은 온갖 부동산 규제 정책과 금리 인상으로 인해 매매 거래가 끊기게 되면서 많이 가라앉은 상태다. 하지만 이러한 이유로 투자를 멈추어선 안 된다. 오히려 이런 기회를 어떻게 활용할 것인지 고민해 봐야 할 때다. 불과 6년 전, 11년 전에도 불황이 닥쳤다. 당시에 위기를 기회로 보고 투자를 한 사람들은 큰돈을 벌었다는 것을 잊지 말아야 한다.

규제 이후 실거주자나 투자자들도 불안감에 거래를 미루고 있지만 경매 투자는 지금이 더 적기다. 앞으로 부동산 경기 침체로 경매 시장에 물건이 속출할 것이다. 경매는 현 시장의 시세를 반영해서 입찰가와 매매가가 결정되는 만큼 경기 호황이나 불황에 크게 영향을 받지 않는 재테크다. 따라서 요즘 같은 하락장에, 경매 물량이 증가할 때는 오히려 더 좋은 기회를 잡을 수 있다. 다양한 물건으로 입맛에 맞게 물건을 고를 수 있으며 매매 시세 차익을 많이 얻을 수 있다. 경매 투자의 매력은 입찰 경쟁자가 거의 없을 때 싸게 낙찰 받아 수익률이 높은 것이다. 많은 사람들이 경매에 뛰어들면 저렴하게 사고자 하는 목적에서 멀어지게 된다.

부동산이 돈을 벌어다 주는 시스템을 만들어라

부동산 경기 침체로 매매 거래가 이루어지지 않는 요즘, 집값 하락으로 집을 사지 않고 세를 찾는 사람들이 많아지면 수요에 발맞춰 전월세가 올라가는 경향을 보인다. 시세보다 싸게 낙찰받아 임대를 주면서 임대 수익을 올리고, 경기가 회복되면 시세 차익은 더 많아지게 된다. 돈을 버는 사람들은 하락장에서 알짜배기 물건을 낙찰받아 더 부자가 된다. 경매 물건 매각가율이 떨어질 때야말로 투자하기에 적절한 시기다.

다시 한 번 말하지만 불황일 때 경매 투자를 한다면, 적은 돈으로 좋은 물건을 살 수 있는 가장 좋은 기회를 만나게 된다. 경매를 통해 전세금과 똑같거나 더 저렴한 가격으로 부동산 소유권을 가질 수 있다. 많은 사람들은 이러한 사실을 망각한 채 겁을 집어 먹고 자신이 가진 돈을 지키는 데에만 급급하다. 이러한 생각을 가지고 있다면 투자를 하지 말아야 한다. 언제나 뒷북치는 투자를 하게 될 것이니 말이다.

일반 매매에서 급매보다 더 싸게 살 수 있는 것이 경매다. 또한 부동산 경기가 불황일수록 급매보다 더 싸게 살 수 있는 것이 경매 투자다. 남들이 다 뛰어 들기 전에 좋은 물건을 선점해야 한다. 소액 투자로 주거용 소형 아파트와 빌라에 높은 임대 수익률을 얻을 수 있다. 매매가격에 비해 전세 금액이 85% 이상 높은 물건을 고를 수 있고, 급매가보다 더 저렴하게 살 수 있다. 실투자금이 1,000만 원 정도 들어가는 물건으로 임대 수익이 30% 이상 되는 물건을 공략하면 된다. 적은 투자금으로 매달 임대 수익을 얻으며 시세 차익으로 자산 가치가 상승하게 되는 것이다. 이러한 부동산을 늘려 간다면 부동산이 나를 위해 돈을 벌어다 주는 시스템이 만들어질 것이다.

은행이 아닌 부동산에
적금을 붓는다고 생각하라

저축과 적금은 오히려 손해다

우리나라 국민들이 가장 많이 하는 재테크는 은행에 적금을 붓거나 저축하는 것이다. 이것들이 가장 안전하다고 생각해서 대부분의 사람들이 신뢰하고 있다. 적어도 내가 맡겨 놓은 원금은 그대로 지킬 수 있다고 생각하기 때문이다.

나도 예전에 적금으로 돈을 모아서 다시 정기예금으로 묶어놓는 것이 안전하게 지키고 불리는 것이라고 생각했다. 그래서 월급을 받으면 한 푼이라도 적금을 더 하기 위해 아끼고 아꼈다. 그러나 없는 살림에 아무리 아껴도 별로 티가 나지 않았다. 오히려 삶은 더 피곤해지고 신경만 날카로워졌다. 생활비로 돈이 더 들어가게 되면 왠지 모르게 불안해지면서 초조해지는 것을 느꼈다. 현실적으로 적금은 단순히 내 돈이 은행에 보관되어 있는 정도밖에 되지 않았다.

사람들은 언젠가는 많은 돈을 모으게 될 거고 좀 더 나은 삶을 살게 될 거라는 기대감으로 열심히 적금을 붓는다. 하지만 넉넉지 못한 살림에 돈 들어갈 일이 꼭 생기게 된다. 때문에 갈수록 돈은 모이지 않고 적금을 해지하는 일까지 생긴다.

이제라도 적금과 저축으로 돈에서 해방될 수 없다는 것을 깨달아야 한다. 은행은 돈을 보관해 주는 역할을 하면서 그 돈으로 많은 사람들에게 돈을 빌려주고 이자를 챙긴다. 다시 말해 돈 장사를 하는 것이다. 그렇다면 내 돈을 안전하게 지키고 불리는 방법은 무엇일까?

나는 부동산 투자를 하면서 은행에 돈을 가만히 넣어두는 것은 손해 보는 행동이라고 생각했다. 종잣돈을 모으기 위해서 은행에 돈을 맡겨 저축하는 것은 필요하지만 목돈을 그대로 방치해 두는 것은 재산 손실로 이어진다. 지금은 저축의 시대에서 투자의 시대로 바뀌었다. 합리적인 투자 없이 저축만으로는 내 집 마련과 자녀 교육비, 노후 자금을 마련할 수 없다.

은행권의 경우, 보통 적금 이자율이 2% 후반대로 이자 소득세 15.4%를 차감하게 될 경우 2% 정도로 더 낮아지게 된다. 2,000만 원을 은행에 묶어 놓으면 한 달 이자가 고작 3만 원 정도밖에 되지 않는 것이다. 물가 상승과 돈의 가치 하락으로 시간이 지나면 지날수록 돈의 값어치는 점점 더 내려가 오히려 손해를 본다.

돈을 굴려야 더 많은 돈을 모은다

나는 경매로 인천에 위치한 시세 1억 2,000만 원 아파트를 9,800만 원에 낙찰받았다. 그리고 7,800만 원의 대출을 활용해 잔금을 치렀다. 그리고 실투자금 2,000만 원이 들어간 아파트를 보증금 1,000만 원, 월세 60만 원에 세를 주었다. 그렇게 월세를 받아 매달 대출이자 24만 원을 갚아도 36만 원이 통장에 꽂히게 되었다. 1년 거치 후에는 이자와 원금분할상환액을 합치면 월 수익은 15만 원 정도 되었다. 시세보다 싸게 구입했기 때문에 앞으로 최소한의 매매 시세 차익을 볼 수 있고 물가 상승률에 따라 아파트 가격이 더 오를 것이라 예상한다. 그러면 더 많은 수익을 얻을 수 있는 것이다. 이러한 부동산 투자와 비교해 은행에 2,000만 원을 넣어두고 3만 원도 안 되는 이자를 받는 게 돈을 지키는 것이라고 말할 수 있을까?

이런 알짜배기 물건을 1년에 2개씩 낙찰을 받아도 부동산 투자는 성공적이다. 물건을 잘 고른다면 투자금이 거의 안 들어가고도 부동산을 소유할 수 있고, 시세 차익과 월세 수익도 올릴 수 있다. 이렇게 된다면 바로 두 번째 물건에 투자하면 된다. 사람들은 부동산 투자에 대해 모르기 때문에 아까운 돈을 은행에 넣어 두고 있다. 돈은 굴려야 더 많은 돈을 모을 수 있다. 부동산 투자에 대해 바로 알고 은행이 아닌 부동산에 적금을 붓는다고 생각해야 한다. 수십 배, 수백 배를 불려주는 것이 부동산이다.

작년 가을, 대구에 사는 40대 초반 김영태 씨는 내 책《부동산 왕초보 엄마의 기적의 재테크》를 읽고 문자 한 통을 보내 왔다. 이직을 하게 되면서 퇴직금 3,000만 원이 생겨 투자를 하고 싶다고 했다. 하지만 그는 어디에 어떻게 투자해야 할지 모르겠다고 했다. 상담 시간을 잡아 이야기를 나누고 그는 바로 〈경매투자과정〉에 등록했다. 은행 이자를 보고 은행에 묶어 두는 것보다 투자로 돈을 굴려야 한다는 내 말에 그는 크게 공감하고 본격적으로 자산을 늘리기로 결심했다. 그렇게 김영태 씨는 커가는 아이들과 미래를 위해 부동산 투자를 선택했다.

그는 과정 5주 만에 대전에 있는 빌라를 실투자금 300만 원으로 낙찰받았다. 보증금 1,000만 원에 월세 30만 원 세를 주고, 그 돈으로 매달 이자를 내고도 22만 원이 들어오는 구조다. 300만 원을 통장에 넣어두면 어떻게 될까? 22만 원이라는 돈은 어림도 없다. 대부분의 사람들은 부동산은 큰돈이 들어가는 거라고 생각하기 때문에 아예 투자를 해볼 생각을 안 한다. 부동산 책 한 권을 읽어보고 이해하기 힘들다면서 포기해 버리는 경우가 많다.

부동산은 안전하게 자산을 늘려 주는 일등공신이다

사람들은 돈을 벌기 위해 열심히 산다. 돈을 버는 이유는 가족들과 경제적으로 자유롭게 살고 싶어서다. 그러나 이 소망은 경제적으로 주체적인 삶을 구축해야 가능하다.

부자가 되기 위해서는 생각과 행동을 바꾸어야 한다. 먼저 은행을 맹신하는 생각부터 바꾸자. 그리고 부동산에 대해 관심을 가지자. 부자들은 은행을 활용한다는 것을 알아야 한다. 돈을 묶어두는 용도로 쓰는 것이 아니라 이자를 지불하고 돈을 빌려 더 많은 돈을 벌기 위해 투자한다는 사실을 잊으면 안 된다.

생각을 바꾸어야 부자로 살아갈 수 있다. 정체된 삶을 살고 싶지 않으면 스스로 달라져야 한다. 지금부터 부동산에 대한 생각부터 바꾸고 적은 돈이라도 굴릴 수 있는 방법을 찾자. 부동산은 그 어떤 투자보다도 안전하고 자산을 늘려 주는 일등공신이라는 것을 잊으면 안 된다. 적금으로는 절대로 인생을 바꿀 수 없으며 돈의 노예에서 벗어나지 못한다. 매월 받는 월급으로 얼마를 적금해야 금전적으로 해방이 될 수 있을지 계산해 보자. 이제는 현실을 직시하고 부동산 투자를 해야 한다.

부동산은 희소 가치와 내재 가치가 있는 실물 자산이다. 인플레이션에 따라 화폐 가치는 하락하지만 부동산은 장기 보유 시 자산 가치가 상승한다.

이제는 사랑하는 가족을 위해서 월세 시스템을 구축해 돈 걱정 없이 많은 시간을 함께하는 삶을 살아야 한다. 하루라도 빨리 부동산에 투자한다면 몇 년 뒤에는 은행에 적금을 붓고 있는 사람들과는 차원이 다른 인생을 살게 될 것이다.

PART 5

부동산 공부,
일찍 시작할수록
유리하다

종잣돈을 빨리 만들어
부동산 투자를 시작하라

경기가 당분간 침체 또는 정체할 것이라 예상되는 가운데 부자들은 자산 중 부동산 비중을 줄일 생각을 크게 하지 않는다. 부동산 규제의 최종판으로 평가 받는 9·13 대책 발표 이후, 한 설문조사에 의하면 '집값이 조정 국면에 접어들었지만 그래도 시간이 지나면 오를 것'이란 의견이 우세한 것으로 나타났다.

부자들의 자산 중 평균 53.1%가 부동산 위주의 자산인 것으로 조사되었다. 이들 중, 현재의 자산 구성을 유지한다는 응답이 46%로 절반에 가까웠고, 현재의 자산 구성을 유지하면서 투자 내용을 변경하겠다는 응답이 23%, 부동산 비중을 늘리겠다는 응답이 13%였다. 따라서 부동산 비중을 유지 또는 확대하겠다는 응답률이 72%로 압도적이었다. 금융 자산을 늘리겠다는 응답률은 18%에 그쳤다. 이 설문조사는 부자들이 자산의 대부분을 부동산으로 형성해왔음을 보여 주고, 부를 기여하는 투자 방법으로 부동산 투자가 최선임을 증명하는 셈이다.

서울에 사는 30대 중반 이선화 씨는 텔레마케터 일을 하고 있다. 경제적으로 어려움을 호소하면서 현재의 삶에서 벗어나고 싶어 나를 찾아왔다. 이선화 씨가 어렸을 때는 부모님이 상가 건물 주로, 건물 2층에 거주하며 월세를 받아 잘 살았다. 그런데 부모님이 상가 건물을 팔고 시작한 장사가 점점 어려워지면서 생활고에 시달리게 되었다. 전세 아파트에 살다가 작은 빌라를 사서 옮겨 갔지만 또 다시 생활이 어려워지면서 빌라마저 팔게 되었다. 그리고 한 달 후에 갑자기 집값이 엄청 올라 마음이 속상해 많이 힘들었다고 했다.

결국 그녀는 대학을 졸업하고 자신이 하고 싶은 일을 하지 못하고 생계유지를 위해 텔레마케터 일을 하게 되었다. 그러나 아무리 열심히 일을 해도 환경은 달라지지 않았고, 부모님은 점점 노쇠해지셨다. 이에 걱정이 되어 마음이 편치 않았던 그녀는 지금이라도 부동산 투자를 준비하고 싶다고 했다. 이선화 씨는 부동산만 잘 가지고 있어도 별 어려움 없이 잘살 수 있었다는 것을 부모님을 보고 깨달았다. 부동산이 아니고는 돈이 없는 서민이 일어설 수 있는 길은 없다는 것도 역시 잘 알고 있었다.

그러나 안타깝게도 그녀는 종잣돈이 한 푼도 없었다. 이때까지 많은 상담을 했지만 이번처럼 돈 한 푼 없이 찾아온 사람은 없었다. 나는 도움을 주기 위해 여러 방법을 제시했지만, 일단 종잣돈을 모으는 일이 급선무였다. 이선화 씨의 사례에서 보듯, 새로운 일을 시작하려면 항상 돈이 필요하다. 부동산 투자를 하겠다고 마음을 먹는 순간, 종잣돈 모으기에 돌입해야 한다.

죽기 살기로 종잣돈부터 모아라

경매 투자를 하는 사람들의 연령이 20~40대로 점차 낮아지고 있다. 젊은 사람들이 부쩍 재테크에 관심이 많다. 자본주의 사회에서 부동산 투자를 하지 않고는 부자가 될 수 없다. 월급으로는 살아가기가 힘들기 때문이다. 요즘은 만약의 경우를 대비해 비상용 마이너스 통장을 집집마다 하나씩 만들고 있는 추세다. 그만큼 현실이 팍팍하고 어렵다는 것이다.

부동산 투자에 관심이 있어도 돈이 없으면 그림의 떡이다. 평범한 사람이 부자가 되기 위해 제일 먼저 해야 하는 과정은 종잣돈을 모으는 일이다. 이때는 하고 싶은 것을 하고 남는 돈을 모으는 것이 아니라 목숨 걸고 모아야 한다. 있는 대로 쓰면서 모으는 사람이 부자가 된 경우를 본 적이 없다. 쪼들린 살림에 힘들지만 악착같이 모아서 인생을 변화시킬 수 있다면, 그보다 더 행복한 일은 없을 것이다. 그래서 무조건 아껴야 한다. 제일 먼저 지출하지 않아도 되는, 새는 돈이 없는지 점검해야 한다. 남들 하는 것 따라 하면서 돈을 모을 수 없다. 목적을 달성할 때까지 꾹 참고 미래를 위해서 견뎌내야 한다.

나는 목돈을 마련하기 위해 딸아이에게 꼭 필요한 경비만 사용했다. 다른 곳에 들어가는 돈은 일체 사용하지 않을 정도로 아끼고 아꼈다. 직장생활을 하면서 집안일을 하다 보면 한 번쯤 반찬가게에서 만들어 놓은 반찬을 사고 싶은 생각이 들기도 한다. 하지만 나는 양은 적고 가격이 비싸서 아예 반찬가게를 쳐다보지 않았다. 김치와 장류도 직접 담가 먹었다. 거의 매일 우리 집에서는 반찬 만드는 냄새가 풍겼다. 동네 엄마들은 우리 집 앞을 지나갈 때면 한마디씩 했다.

"은화야, 매일 반찬을 만들어? 오늘은 무슨 반찬이야? 나도 한번 따라 해보게."

"안 피곤해? 대충 사다 먹어."

나도 사다 먹으면 편하다는 것을 잘 안다. 하지만 매일 먹는 음식이 한두 푼도 아니고 적은 양에 비싸기까지 한 것이 마음에 들지 않았다.

사람이 한번 편한 것을 알게 되면 금세 그런 생활에 젖어들게 마련이기 때문에, 나는 돈을 모을 때까지는 어떻게든 아껴야 한다는 생각을 머리에 꽉 채웠다. 지금 잠깐 편안함을 느끼려고 내 미래를 포기할 수 없었다. 빨리 돈을 모으기 위해서 보험 정리부터 들어갔다. 가족의 건강보험도 다시 재점검하고 중복되는 것은 해지했다. 그러곤 꼭 필요한 실손보험 정도로 정리했다. 흔히 남들이 가는 국내여행도 제대로 한 번 가보지 못하고 살았다. 하지만 달라질 미래를 생각하면 행복했다.

종잣돈은 부자의 삶의 초석이다

나는 적은 월급으로 3년 동안 2,000만 원을 모아서 딸아이가 원하는 아파트로 이사를 갔다. 대출을 받아서 집을 장만했지만 매매 시세 차익으로 생각지도 못한 수익을 얻었다. 당시에는 부동산 투자를 하겠다는 생각을 하고 종잣돈을 모은 것이 아니었다. 그때만 해도 부동산 투자에 대해서는 전혀 알지 못했고, 단지 아이가 아파트에 살고 싶다는 말에 돈을 모았던 것이다. 그렇지만 그 돈이 나에게 새로운 기회를 열어 주었다. 2,000만 원이 내 인생을 바꾸어 준 전환점이 되었다. 그 이후로 부동산에 대한 생각이 완전히 바뀌게 되었다. 월급으로는 도저히 만져 볼 수 없는 돈이 나의 자산이 되면서 '부동산에 투자하면 내가 원하는 삶을 살 수 있겠다'라는 생각이 들었다.

2,000만 원은 내게 부동산 투자를 할 수 있게 해 준 종잣돈 역할을 톡톡히 했다. 목표를 향해 돈을 모았기 때문에 또 다른 기회

를 잡을 수 있었다. 시세 차익으로 얻은 돈으로 아파트를 매입하고 본격적으로 부동산 투자를 시작했다. 누구든지 기회를 잡기 위해서는 항상 준비가 되어 있어야 한다. 보통 사람들은 미리 준비를 하지 않은 채 좋은 기회가 오면 그제야 준비를 하려고 한다. 하지만 기회는 우리를 기다려 주지 않는다.

신혼부부라면 아이가 생기기 전에 월급의 반 이상을 저축해야 한다. 신혼이라고 즐길 것 다 즐기다 보면, 어느 순간 돈을 모으지 않고 썼다는 것에 후회가 밀려오게 된다. 모든 유혹을 뿌리치고 목표와 계획을 세워야 한다. 40대가 되면 종잣돈을 모으기가 더욱 어려워진다. 가정의 지출이 급격히 증가하기 때문에 돈을 모으고 싶어도 상황상 어렵다.

지금부터 머뭇거리지 말고 종잣돈을 모으는 데 최선을 다해 집중해야 한다. 당장 자신의 생활습관을 점검하고 목표를 세워서 빠르게 실행을 해야 한다. 진정한 부자가 되고 싶다면 종잣돈을 빨리 만들어서 부동산 투자를 시작하자. 지렛대로 이용할 종잣돈이 부자로 살아갈 초석을 만들어 주는 역할을 하게 될 것이다.

남들과 다르게
생각하고 움직여라

대다수의 사람들은 평범한 생각과 행동으로 하루를 채운다. 무리에서 조금만 다른 행동이나 생각을 하게 되면 이상한 사람 취급을 받게 된다. 보통 남들이 하는 대로 하고 살아야 된다는 생각이 사람들 머릿속에 자리를 잡고 있다. 지금 자신의 주변을 살펴보자. 많은 사람들이 자신과 똑같은 환경에서 비슷한 모습으로 살고 있는지, 정말 이런 모습이 자신이 살고 싶은 환경인지 진지하게 생각해 봐야 한다.

회사생활은 나를 자꾸만 작아지게 만들고, 삶의 의욕을 떨어뜨렸다. 하루 종일 회사에 갇혀서 쉴 새 없이 일만 하다가 집으로 가는 것이 얼마 전까지의 일상이었다. 내가 숨 쉬고 건강이 허락하는 한 돈을 벌어야 한다는 생각만 하면 가슴이 답답하게 조여 왔다. 오로지 돈을 벌기 위해 세상에 태어난 사람처럼 살아가는 내 인생이 뭔가 잘못되었다는 생각이 들었지만 어느 누구에게도 하소연할 수 없었다. 인생은 각자의 몫이기 때문이다. "우리는 행복하기 위해 태어난 사람들이다."라는 말은 그럴 듯하게 들리지만, 돈이 없어 원하는 것을 할 수 없다면 행복할 수 없다. 스스로 경제적 자유를 찾아야 온전한 행복을 맛볼 수 있다.

하루는 직장 동료들이 펀드에 대해 이야기하고 있었다. 1,000만 원 투자해 300만 원 정도의 수익이 생겼다는 이야기를 들었다. 당시의 나는 돈 버는 일에 관심이 무척 많았다. 삶이 고단하다 보니 돈에 대한 애착과 욕심이 생기게 되었다. 나는 바로 은행에 가서 펀드에 대해 알아보았다. 상담원은 인도, 러시아, 중국 펀드가 인기가 많고, 여러 국가의 주식에 분산 투자를 하기 때문에 안정적이라고 했다. 수익률도 20~30% 이상으로 나온다고 했다. 마땅히 돈을 벌 수 있는 방법이 없던 나는 적립식 펀드에 가입했다. 그러곤 돈이 생길 때마다 은행 ATM기로 달려가 돈을 입금시켰다. 펀드 통장에 입금시킬 때마다 얼마나 뿌듯하던지, 열심히 돈을 모으면 많은 수익으로 보답해 줄 거라는 생각에 행복해했다.

나는 적립식 펀드 통장을 개설하고 나서부터 자연스럽게 코스피 지수에 부적 관심이 많아졌다. 생전 '코스피'를 모르고 살던 내가 주식의 등락에 따라 기분이 초조하고 불안했다. 많은 돈을 넣어 둔 것은 아니었지만 내심 '손해를 보지 않을까?'라는 생각으로 코스피 지수를 매일 확인하는 습관이 생겼다. 그러던 중 주위에서 손해를 봤다는 사람들이 하나둘 생기기 시작했고 심지어 해약하는 사람들도 늘어났다. 숫자로 확인하는 펀드 투자는 나하고 맞지 않았다. 결국 나는 제대로 수익을 보지 못하고 마음만 졸이다 해약하고 말았다. 이를 계기로 나는 남들이 우르르 몰려다닐 때는 나에게 돌아올 수익이 많지 않고 오히려 손해를 볼 수 있다는 것을 깨달았다.

확신이 부족하면 부자로 살 수 없다

주변의 동료들은 집값이 오르는 데에는 별 관심이 없었다. '오르면 오르는가 보다, 내리면 내리는가 보다'라는 생각을 가지는 사람들이 다반사였다. 한번은 쉬는 시간에 동료들 사이에서 집값이 많이 올랐다는 이야기가 나왔다. 한 언니는 나에게 "은화야, 너희 집도 많이 올랐겠다."라고 말했다. 이어 내가 "응, 많이 올랐어. 언니도 집을 사야 돼! 그러다가 집 사기가 점점 더 어려워져."라고 말하자 언니는 "올라도 집을 팔아야 돈을 만지지, 집을 팔지 않으면 똑같아."라고 했다. 나는 그 이야기를 듣는 순간, 답답함이 밀려 왔다. 어떻게 집을 팔지 않는다고 해서 돈을 갖고 있는 것이 아닌지, 어떻게 그런 생각을 하는지 도무지 이해가 되지 않았다. 그런데 일부 사람들이 이런 생각을 갖고 있다는 것을 알게 되었다. 특히, 전세에 사는 사람들이 이런 생각을 많이 하고 있었다. '내 집값이 오르고 있다'는 말은 '나의 자산 가치가 상승하고 있다'는 증거다. 꼭 집을 팔아야만 그 돈을 가질 수 있는 것이 아니다. 하지만 보통 사람들은 '계속 살 집인데, 집값이 오르면 무슨 혜택이 있겠어!'라고 생각한다. 하지만 이러한 생각이 자신을 더욱 가난하게 만든다는 사실을 깨달아야 한다.

나는 오른 집값만큼 대출을 받아 부동산에 투자하기로 마음먹었다. 내 주변에는 부동산과 관련된 사람이 없어서 어떻게 시작해야 할지 몰랐다. 우선 부동산에 대해 공부했다. 각종 부동산 투자에 관한 책을 섭렵하고 경제 기사, 자기계발 책을 보면서 지식을 쌓았다. 그러면서 부동산에 대한 마인드를 변화시켰다. 책에서 배운 대로 여러 부동산을 방문하고 발품을 팔아 부동산을 사기 시작했다. 부동산에 대한 확신이 들면서 망설이지 않고 배운 대로 바로 행동으로 옮겼다. 하지만 혼자서 투자를 하다 보니 우물 안 개구리처럼 내가 아는 지역에서 벗어나질 못하고 있었다. 그때 마침 지인으로부터 부동산 투자 전문가를 소개받았다. 그 이후로 나는 서울로 올라가서 다양한 부동산을 접하고 배웠다. 부동산 투자는 알면 알수록 돈 버는 길이 열려 있다는 것을 알게 되었다.

남들은 내가 부동산 투자를 할 때에 "부동산 투자 이제 끝났다.

경기가 좋지 않다. 아파트가 남아도는 세상이 온다."라며 부정적인 이야기를 마구 쏟아냈다. 하지만 어떤가? 나는 부동산으로 돈을 벌어 부자가 되었고, 더 많은 돈을 벌어 자산을 증대시켰다. 이런 모습을 지켜본 사람들은 다시 자기 합리화를 했다. "돈이 많아야 부동산 투자를 하지."라고. 보통 사람들은 지금 보고 있는 부동산 시장이 전부인 양, 언론에서 전하는 대로 주위에서 말하는 대로 앵무새처럼 똑같은 이야기를 한다. 이러한 사람들은 평범함에서 결코 벗어나지 못하고 남들 돈 버는 모습만 지켜보는 인생으로 끝나게 된다.

대부분의 사람들은 자신을 믿지 않는다. 몇 번 해보고 되지 않으면 '나는 안 돼. 다들 이렇게 사는 데 나라고 별 수 있어?'라고 생각하면서 포기해 버린다. 반면, 부자들은 다르다. '저 사람도 부자가 됐는데, 나라고 안 될 리가 없어. 더 노력해봐야지'라고 생각하고 행동한다. 다들 부자로 살고 싶은 욕망은 많지만 부자로 살지 못하는 이유는 자신에 대한 믿음이 부족하기 때문이다.

어떤 상황에서든지 돈 벌 기회는 존재한다

작년에 지인으로부터 부동산에 대한 개인저서를 출간해 보면 좋겠다는 권유를 받았다. 그 이야기를 듣는 순간 '내가 어떻게 책을 쓸 수 있을까?'라는 생각이 들었다. 책은 유명한 사람들만 쓴다는 고정관념이 박혀서 책을 쓸 엄두가 나지 않았다. 하지만 7년간 〈한책협〉 카페를 운영하면서 900명가량의 작가를 배출하고, 40대 초반에 자수성가하여 100억 원대의 자산가가 된 김태광 대표 코치를 보고 생각을 달리하게 되었다. '김도사'라는 닉네임으로 불리는 그는 나에게 용기를 주었다. 그는 "우리의 내면에는 거인이 잠자고 있어서 자신에 대한 강한 확신과 믿음을 가지면 무엇이든 다 할 수 있다."라고 말했다. 그리고 책을 매개체로 부동산 투자를 하면서 겪었던 내 경험과 지식으로 많은 사람들에게 선한 영향력을 끼칠 수 있을 거라고 말했다.

지금 나는 김태광 대표 코치의 도움을 받아 책을 쓰면서 작가와 코치로서 행복한 삶을 살아가고 있다. 내 책을 읽고 많은 사람들이 용기를 가지고, 부동산 투자로 풍요로운 미래를 맞이하길 바라는 마음이다. 이 책이 벌써 세 번째 개인저서다. 성공하는 부자로 살아가기 위한 길목에서 최고의 멘토를 만나는 것은 엄청난 행운이자 축복이다. 내 삶의 멘토이자 인생의 추월차선을 알려 준 김태광 대표 코치에게 항상 감사한 마음이다. 나 역시 처음 해보는 일이라 두려움이 있었지만 나 자신을 믿고 도전하고 행동을 했기에 작가가 되었고, 부동산 코치가 되어 새로운 삶을 살고 있다. 내가 했으니 당신도 할 수 있다고 생각한다. 무슨 일이든지 처음이 어렵지, 일단 시작하면 그 이후의 과정은 수월하다. 모든 것은 자신의 믿음에서 비롯된다는 것을 명심하자!

사람들은 부동산 경기가 조금만 위축되고 하락장이 되면 투자할 만한 여건이 되지 않는다고 말한다. 예전이나 지금이나 반복되는 시장이지만 조금이라도 부정적인 단어가 나오면 불안한 마음에서 헤어 나오지 못한다. 부동산 투자로 돈을 버는 사람은 어떤 환경에서도 기회라고 생각한다. 부자들은 남들과 같이 움직이지 않는다. 남들과 똑같이 움직여서는 절대로 많은 돈을 벌지 못한다. 세상이 그렇게 쉽게 돈을 벌게 내버려 두지 않는다. 도전하고 노력하는 사람에게 많은 기회가 주어진다. 부자로 살고 싶다면 남들과 다르게 생각하고 움직이자! 당신의 행동에 따라 미래가 달라질 것이다.

쉽고 안전한 수익을
만드는 투자는 부동산이 최고다

부동산 투자는 평범한 사람도 부자로 만들어 준다

가족들과 포항에 가서 바다를 보고 즐거운 시간을 보냈다. 저녁때가 되어 횟집에 식사를 하러 갔는데, 동생이 주식으로 돈을 벌었다며 한턱내겠다고 했다. 주식에 500만 원을 투자해서 100% 수익을 냈다고 했다. 생각지도 못한 수익으로 기분이 좋아 보였다. 나는 펀드를 한 번 해보곤 다시는 금융기관에 투자하는 것을 하지 않았다. 주식은 내게 너무 어려웠다.

"은숙아, 언제부터 주식했어?"

"지인이 괜찮은 회사 주식이 있다고 해서 처음으로 한 번 해 봤어. 그런데 수익이 많이 났어. 좋은 것 같아. 그래서 다른 회사 주식도 샀어."

"이번에는 수익이 많이 나서 좋지만 혹시 주식이 떨어지기라도 하면 순식간이야. 수익이 났을 때 그만 하는 게 좋겠어. 계속하다가 손해만 보고 끝난다."

하지만 이후에도 동생은 계속 주식을 했다. 회사도 더 많이 늘려서 돈을 조금씩 분산해 오를 만한 곳에 투자했다. 짭짤한 수익을 봤기 때문에 끊기가 힘들었을 것이다. 나는 동생에게 부동산을 사라고 여러 번 말했다. 하지만 건성으로 듣고 별 관심을 가지지 않았다. 그러다 동생 지인들이 좋은 아파트에 이사를 가거나 부동산으로 돈을 벌었다는 이야기가 여기저기서 들려오니 슬슬 궁금해했다. 동생은 다들 자신과 비슷한 처지였는데 생활환경이 바뀌기 시작했고 돈 씀씀이가 달라졌다며 여유가 있어 보였다고 했다.

동생은 부동산 투자를 해보고 싶다고 말했다. 나는 주식은 어떻게 되었냐고 물어봤다. 그러자 동생은 투자한 주식이 마이너스로 떨어져서 속상하다고 했다. 본전이라도 되면 팔고 싶은데 언제 회복이 될지 몰라 애를 태우고 있었다. 다시는 하고 싶지 않다고 했다. 스트레스만 받고 돈은 벌지도 못했다며 자신의 심정을 털어놓았다.

동생은 "언니가 하는 것 보니 부동산에 신경을 덜 쓰고 순식간에 사라지지 않아서 걱정이 없을 것 같아."라고 말했다. 예전에는 부동산 투자는 대출 문제가 있어서 아무나 하는 것이 아니라는 생각에 관심을 두지 않았다. 하지만 세상이 변해 주위에서 돈을 벌었다고 하는 사람들이 많았고, 그들은 거의 부동산 투자를 했다. 동생은 그제야 정신이 들었다고 했다.

주식은 실시간으로 시세를 확인해야 하고 변동 폭을 예측할 수 없어 정확한 타이밍을 잡기 힘들다. 돈을 벌기도 하지만 크게 잃기도 한다. 계속 변동이 생기기 때문에 한눈팔지 말고 지켜봐야 한다. 매스컴에서 정보가 나올 때면 이미 늦기 때문에 항상 집중해야 한다. 주가가 떨어지기 시작하면 정신을 차릴 수 없다. 주식은 내가 직접 관여해서 상품의 가치를 올려 수익을 낼 수 있는 실체가 있는 물건이 아니다. 실시간으로 움직이는 지수를 보면서 적절한 때에 매도와 매수를 움직여 수익을 내야 한다. 따라서 일반인들이 주식으로 돈을 벌기는 힘들다.

우리 주위만 둘러보아도 알 수 있다. 부동산 투자로 부자가 되어 부유하게 사는 사람들의 소식은 많이 듣고 보았지만, 주식, 펀드, 비트코인으로 돈을 벌었다는 사람을 만나보거나 들어본 적이 거의 없다. 평범한 사람들을 부자로 살아가게 만들어 주는 건 주식이 아니다. 바로 부동산 투자다.

부동산 투자는 실체가 있어 안전하다

나는 동생에게 내가 공부했던 것처럼 〈경매투자과정〉에 등록하라고 했다. 동생은 열정적으로 부동산 투자에 매달리기 시작했다. 그렇게 시작해서 아파트, 오피스, 땅까지 부동산을 늘렸다. 그리고 작년 8월에 경쟁률이 124 : 1이었던 대구역 한라 하우젠트 센텀 분양에 당첨되었다. 당첨되자 바로 프리미엄이 붙기 시작했다. 중도금이 무이자라 동생은 투자로 가져가기로 했다. 뒤늦게 부동산에 눈을 뜬 동생은 "왜 이렇게 좋은 걸 이제야 알았을까?" 하며 행복해했다. 아무리 좋은 것이라 해도 자신이 받아들이지 않으면 아무 소용없다. 부동산에 빨리 관심을 가져야 아등바등 사는 삶에서 탈출할 수 있다.

사람들이 부동산 투자를 힘들어하는 이유는 큰돈이 들어가고 손해를 볼 수 있다는 생각 때문이다. 그래서 다른 사람들이 돈을 버는 모습을 보고 마냥 부러워만 한다.

부동산처럼 자산을 지키면서 투자금을 불려 주는 투자는 없다. 실체가 있는 부동산은 가장 안전한 투자다. 부동산 투자를 제대로 배우기만 한다면 겁낼 필요 없다. 경매 투자는 다른 재테크보다 결과를 내는 속도가 빠르다. 수익률을 미리 파악해서 투자하며 결과가 눈에 보인다. 낙찰받을 물건을 골라서 손해가 될지 수익이 날지를 완벽하게 분석한다. 이러한 경매 기술을 배운다면, 어떤 부동산이라도 자신 있게 투자할 수 있게 된다.

부동산 투자로 쉽게 자산을 불려라

식당을 운영하는 지인은 경기가 어려워지면서 임대료, 인건비, 재료비 등으로 골머리를 앓고 있다. 식당 재정 상태가 어려워지면서 결국 대출을 받아서 운영했다. 그러다 빚만 더 늘게 되어 손을 쓸 수 없어서 가게를 내놓았다. 이는 자영업을 하는 대부분의 사람들이 겪는 고충이며 우리가 살고 있는 현실이다. 먹고는 살아야 하고 딱히 할 게 없다 보니 쉽게 가게를 차리는 사람들이 많다. 하지만 몇 개월에서 1~2년 사이에 문을 닫는다. 가게를 차릴 때 들어간 돈을 거의 건지지 못하고 빚을 지게 된다. 그럼 또 그 빚을 갚기 위해 남의 밑에서 일을 하는 악순환으로 이어진다.

퇴직금과 연금으로 장사를 시작했다가 손해를 보고 후회를 하는 사람들이 얼마나 많은지 모른다. 포화상태인 창업에만 눈을 돌리지 말고 자산을 지키면서 돈을 벌 수 있는 부동산에 눈을 돌려야 한다.

한 수강생이 나하고 처음 상담할 때 "부동산이 좋은데 사람들은 왜 투자를 안 하지요?"라고 물었다. 나는 "사람들은 부동산에 대해 알려고 노력하지 않아요. 책 한 권 읽은 것으로 끝낸 사람들이 많아요. 하지만 이렇게 찾아와서 상담하고 이해하면 거의 다 투자를 해요. 이런 사람들은 소수예요. 그래서 돈을 버는 사람만 버는 거예요."라고 답했다.

모든 사람들이 부동산 투자를 하겠다고 하면, 세상은 제대로 돌아갈까? 사람들의 생각은 제각각이다. 아무리 좋은 것이 있다고 해도 본인 스스로 깨닫지 않으면 아무 소용이 없다. 알아보고 받아들이는 사람은 미래가 달라질 것이고 모르는 사람은 임차인으로 살면서 부자를 더 부자로 만들어 줄 것이다. 기회는 똑같이 주어지지만 선택과 결정은 본인이 하는 것이다.

모든 투자는 위험이 도사리고 있다. 모르고 하면 위험하지만 제대로 알고 투자를 한다면 아무런 문제가 되지 않는다. 경매 투자를 무조건 배우고 익혀서 돈 버는 투자를 해야 한다. 그 어떤 투자보다 빠르고 안전하다는 사실을 깨달을 때, 진짜 돈 버는 기회가 생긴다. 많은 돈을 넣어 놓고 걱정하지 않아도 되는 것은 부동산밖에 없다. 경기에 따라 오르락내리락하지만 언제나 그렇듯 반복되는 시장이다. 하락장과 상승장을 거치면서 또 다른 부자가 생기고 부자는 더 큰 부자가 된다. 든든하게 눈에 보이는 실물 자산인 부동산은 자산을 불려 주고 임대 수익을 만들어 준다.

부자들은 부동산으로 부를 이루며 살아간다. 사업을 해서 돈을 벌게 되면 그 돈으로 부동산을 매입해서 자산을 늘리고 지킨다. 그러면 부동산 투자로 시세 차익과 월세를 받으며 꾸준히 수익을 창출할 수 있다. 부동산은 가장 안전하게 부를 안겨 주는 최고의 재테크다. 쉽고 안전한 투자를 찾고 있다면 망설이지 말고 부동산 투자를 하길 바란다.

돈이 없다는 핑계로
투자를 미루지 마라

부동산 투자에는 은퇴가 없다

현실에 만족하면서 살고 있는 사람이 얼마나 될까? 만족하지 않지만 주어진 삶에 순응하며 살아가는 사람이 많을 것이다. 마음에 안 든다고 해서 마음대로 쉽게 바꿀 수 없다. 나는 이 모든 것이 다 돈 때문이란 생각을 한다. 만족하는 삶을 살기 위해서는 경제력이 뒷받침이 되어야 한다. 행복한 삶을 살지 못하는 이유는 돈이 없어서 내 마음대로 갖고 싶은 것, 하고 싶은 것을 할 수 없기 때문이다.

돈이 전부가 아니라고 하지만 사람이 살면서 돈으로 안 되는 일은 거의 없다. 건강도 돈이 있어야 지킨다. 살고 싶은 생각이 안 들 정도로 밑바닥까지 내려가 비참하게 만드는 것이 바로 돈이다.

세상이 원망스러울 정도로 고통스럽다. 당신은 이 정도로 삶이 힘든가? 그렇지 않다면 돈이 없다는 핑계로 투자를 망설이거나 미루지 말기를 바란다.

다들 더 나은 삶을 살기 위해서 돈을 번다. 하지만 월급으로는 금전적인 여유를 누릴 수 없다. 매일 반복되는 일상에 변함없는 인생을 살게 된다. '나는 왜 돈이 없을까?' 하고 신세한탄을 하면서 하루하루를 산다. 돈 버는 방법을 모르기 때문이다. 나 역시 돈의 노예로 끌려다니며 살았다. 벗어나고 싶었지만 방법을 찾지 못해 힘들게 살았다.

하지만 우연한 기회에 부동산 투자를 알게 되면서 돈이 없어도 부자가 될 수 있는 방법이 있다는 것에 감탄했다. 내가 너무 세상을 모르고 살았다는 생각에 속상하기도 했다. 내 나이 마흔이 넘어서 부동산 투자에 눈을 뜨게 되어 얼마나 행복한지 모른다. 이전까지 나는 누군가가 부동산으로 부를 이루는 것을 제대로 보지 않았고 듣지도 않았다. 돈이 없다 보니 나하고는 상관없는 일이라고 생각했다. 지금에 와 생각해 보면, 부동산이라는 이야기가 나와도 관심을 보이지 않았던 무지함으로 더 고생을 하며 살았던 것 같다.

당시의 나는 늘 아등바등 살았지만 결과는 항상 똑같거나 더 안 좋았다. 그러다 더 이상 나빠질 것도 없다는 생각으로 집을 담보로 대출을 받았다. 그리고 대출을 지렛대로 사용하기 시작했다. 투자금으로 돈을 이용한다고 생각했지, 돈을 잃어버릴 거라는 생각은 하지 않았다. 난 부동산을 믿었다. 이때까지 살아오면서 부동산으로 망했다는 이야기는 들어보지 못했다.

나는 부동산에 대한 믿음이 있었다. 절대 손해 보지 않고 돈을 벌 수 있는 투자로 유일하다는 확신 말이다. 돈 없다고 핑계만 되고 투자를 하지 않았다면 지금의 나는 없었을 것이다. '내가 부동산에 대해 잘 알고 있었더라면, 더 빨리 안정적인 삶을 살 수 있지 않았을까?' 하는 생각이 들기도 한다. 사람들은 학교공부만 잘 하면 성공할 수 있다고 생각하지만 절대로 아니다. 부동산은 은퇴가 없는 평생 직업으로, 삶을 풍요롭게 해준다. 부동산에 대한 경제지식이 있어야 언제든지 기회가 오면 잡을 수 있고 자산을 지킬 수 있다.

돈이 없다는 것은 핑계에 불과하다

평범하게 살고 있는 지금이 부동산 투자하기에 가장 적기다. 생활환경이 어려울수록 새로운 곳에 눈을 돌릴 여유가 없다. 조금이라도 덜 힘들 때 부동산 투자를 해야 한다. 미리 준비하면 그만큼 삶이 나아진다는 것을 명심해야 한다. 누구에게나 힘든 시련이 닥칠 수 있다. 당장 사는 데 별 불편함이 없다고 현실에 안주하면, 갈수록 불평, 불만만 늘어가게 될 것이고 항상 돈에 쫓기면서 살게 될 것이다. 사람들은 변화를 두려워하고 도전하기 싫어한다. 그나마 가진 것조차 잃어버릴 거라는 생각에 안간힘을 다해서 가진 것을 지키려 한다. 하지만 돈은 지키려고 하면 할수록 빠져나가는 법이다. 돈을 아끼면서 평생 살아간들 인생에 남는 게 뭐가 있을까? 돈은 무작정 아끼는 게 아니라 많이 벌어서 살아있는 동안 사랑하는 가족과 함께 여행을 다니고 맛있는 것을 먹으며 즐기는 삶을 살아가게 하는 수단이다.

투자를 하고 싶은데 돈이 없어서 못한다는 사람들이 많다. 그러면서도 돈을 모아 명품 가방을 사고 해외여행을 다닌다. 그리고 다시 일상에 돌아와서 노동에 시달린다. 사람들은 이러한 생활을 유지하기 위해 회사에서 시키는 대로 찍소리 한번 내지 못하고 악착같이 버틴다. 직장생활을 하는 동안에는 계속해서 악순환이 이어진다. 하지만 이제부터라도 잠깐의 즐거움을 위해 돈을 쓰지 말고 더 큰 행복을 위해서 투자금을 만들어야 한다.

돈이 없다는 것은 핑계에 불과하다. 정말 돈이 벌고 싶다면 책이라도 한 권 읽어보고 부동산 투자에 대해 알아보려고 노력해야 한다. 무엇이든지 거저 얻어지는 것은 없다. "돈이 있어야 투자를 하지."라고 말하는 사람들은 투자금이 많아도 투자를 하지 못한다. 부정적인 사고가 꽉 차있기 때문이다. 이런 사람들은 투자를 해도 갈팡질팡하면서 제대로 하지 못한다. 부동산에 대한 사고를 유연하게 가져야 한다. 유연한 사고를 하지 못하면 다양한 측면을 보지 못하고 한 가지만 보게 된다. 그러다 보면 분명 후회하게 된다. 부동산 투자는 사람을 구속하지 않는다. 물건을 보고 싶을 때, 사고 싶을 때 스스로 결정하고 판단하면 된다. 시간에 구애받지 않고 투자할 수 있는 재테크로 최고다. 부동산에 대한 생각을 바꾸지 않으면 돈의 구속에서 벗어나지 못한다. 돈을 만들어내는 것도 자신의 능력이다. 이제는 돈을 만드는 방법을 찾아보고 고민해 봐야 할 때다.

지금 즐기고 있는 생활을 줄이고 돈을 만드는 데에 집중하면 1,000만~2,000만 원은 충분히 만들 수 있다. 사람들은 식당 창업을 위한 자금이나 생활자금은 기똥차게 잘 만든다. 대출도 쉽게 한다. 하지만 부동산 투자를 하라고 하면 어려워하고 돈에 대한 집착을 보이면서 두려워한다. 정말 이해할 수가 없다. 식당 창업으로 돈을 버는 사람은 거의 없는 게 현실이다. 창업은 망하면 엄청난 손해를 보지만, 경매 투자는 처음부터 이기고 시작한다. 때문에 손해를 보지 않는다.

긍정적 사고가 부를 끌어당긴다

투자는 10년, 20년 동안 일해야만 버는 돈을 단기간에 벌 수 있다. 그리고 무엇보다 안전하게 돈을 버는 방법이다. 큰돈이 없어도 충분히 투자를 할 수 있다. 사람들은 잘 모르기 때문에 부동산 투자를 할 생각조차 하지 않는다. 장사와 직장생활은 시간과 돈을 많이 투자해야 하고 육체노동이 필요하다. 언젠가 자의 반, 타의 반으로 노동력이 상실되면 돈을 버는 데에 한계가 있다.

　많은 사람들은 시간과 돈에서 자유로워지고 싶어 한다. 그렇지만 쉽게 자유로워질 수 없다. 새로운 길을 가는 것을 두려워하기 때문이다. 사람들은 남들과 똑같은 평범한 길을 가고 싶어 한다. 그것이 제일 안전하다고 생각하기 때문이다. 시간과 돈에서 자유롭고 싶지만 자신의 것으로 만들 자신이 없다. '내가 할 수 있을까?' 하며 한 발짝 물러서서 바라본다. 하지만 남들과 다르게 살지 않고선 절대로 시간과 돈에서 자유로워질 수 없다.

　지금 살고 있는 현실이 어렵고 힘들다면, 당장 부동산에 눈을 돌려야 한다. 당신을 부자의 길로 안내해 주는 도구는 부동산밖에 없다. 돈이 없다고 아무것도 안 하고 있으면 계속해서 힘든 삶을 살게 된다. 한 번뿐인 인생, 멋지게 제대로 살아봐야 하지 않을까? 돈이 없을수록 부동산에 투자하자. 우리의 인생을 바꾸어 줄 수 있는 것은 부동산이 전부다. 자신을 변화시켜야 한다. 부정적인 사고를 긍정적인 방향으로 바꾸어야 한다. 돈이 없다는 핑계로 부자가 될 기회를 놓치지 말자.

당신도 월세 부자가 될 수 있다

부자로 살고 못 살고는 자신의 행동에 달려 있다

우리는 월급만으로 살기 어려운 세상에 살고 있다. 팍팍한 살림에 맞벌이를 해도 힘들기는 마찬가지다. 좀 더 잘살아보려고 애를 쓰지만 수입이 뻔해서 좀처럼 나아지지 않는 가정이 많다. 부부가 맞벌이를 해도 저축할 돈이 넉넉하지 않다.

대부분의 사람들은 각종 할부금, 신용카드 대금, 금융기관 대출금 등으로 미래의 수입을 당겨서 쓰고 있다. 그래서 한 달이라도 수입이 펑크가 나면 엄청난 타격을 받는다. 매달 정해진 금액을 완납하지 못하면, '신용불량자'라는 딱지를 달게 된다. 자본주의 사회에서 신용불량자가 되는 순간, 할 수 있는 일이 지극히 제한된다. 그렇게 생활은 너 어려워지게 된다. 금융사회에서는 나오자가 되면 저렴하게 돈을 이용할 수 없고 더 많은 이자를 내면서 사채를 이용하게 되는 상황으로 밀려나게 된다. 결국 가난에 허덕이며 살게 되는 것이다. 이러한 미래는 누구에게든지 닥칠 수 있다. 미래는 그 누구도 모른다. 때문에 우리는 지금 살고 있는 현실을 살펴보고 미래를 그려야 한다.

직장생활, 자영업을 하면서 부가적인 수입을 창출하지 않으면 정말 파리 목숨과 같은 생활을 할 수밖에 없다. 한 달 수입에 목을 매는 삶은 결코 행복할 수가 없다. 남을 통해 생기는 수입은 언제 끊길지 모르기 때문이다. 그러면 어떻게 해야 저절로 돈이 들어오는 시스템을 구축할 수 있을까?

나는 끊임없이 돈을 벌고 싶어서 고민하고 방법을 찾아 행동함으로써 지금의 위치까지 오게 되었다. 월급으로는 소득이 늘어나는 속도와 한계를 분명히 알고 있었다. 나는 필요한 공부를 하고, 빠른 실행력으로 투자 기회를 놓치지 않았다. 지금 당신이 무엇을 해야 할지 모른다면, 당장 부동산 책 한 권이라도 제대로 읽어보길 바란다. 책을 읽고 가슴이 뛰고 열정이 살아나기 시작하면, 제대로 알아보고 도전해야 한다. 사소한 행동 같지만 성공은 언제나 작은 것에서 시작된다. 이러한 사실을 깨닫는 사람은 삶이 풍요로워질 것이고 아무것도 아니라고 치부해 버린 사람은 여전히 쪼들리면서 돈의 노예로 살아가게 될 것이다.

'평범한 사람이 건물주로, 월세 부자로 살아갈 수 있을까?'

많은 사람들이 이 부분을 궁금해한다. 이 질문에 나는 "물론 건물주, 월세 부자로 살아갈 수 있습니다."라고 대답한다. 평범하고 돈이 없는 사람들을 부자로 만들어 줄 수 있는 도구가 있다. 그것은 바로 '경매 투자'다. 궁금해하지 말고 어떻게 하면 월세 부자가 될 수 있는지를 알아보고 방법을 찾자. 많은 사람들이 정체된 삶을 사는 이유는 궁금해하기만 하고 어떻게 할 것인지에 대한 생각과 행동을 하지 않기 때문이다. 그러니 삶에 변화가 없는 것이다. 부자로 살고 못살고는 자신의 행동에 달려 있다고 해도 과언이 아니다.

투자금이 적어도 좋은 투자가 가능하다

울산에 사는 40대 직장인 이경수 씨는 월급만으로 빠듯한 생활을 했다. 그래서 그는 단기간에 일어서기 위해 경매 투자를 선택했다. 당시 그는 적은 월급으로 큰 물건 투자가 어려웠기 때문에 실투자금 200만 원이 들어가는 지하 빌라부터 시작했다. 월세 수익은 13만 원 수준으로 시세 차익은 세금, 수리비 모두 포함해 1,000만 원이었다. 그리고 동시에 낙찰받은 빌라는 실투자금 300만 원이 들어가는 물건으로 시세 5,500만 원, 시세 차익 1,800만 원이었다. 총 500만 원을 투자해서 단 한 번의 낙찰로 2,800만 원을 확보했다.

자신감이 붙은 이경수 씨는 탄력을 받은 상태로 2주도 되지 않은 기간에 부산에 있는 세 번째 빌라를 실투자금 320만 원으로 시세 5,500만 원, 시세 차익 900여만 원으로 낙찰받았다. 그는 편견 없이 돈이 되고 수요만 충분하면, 투자를 결정하고 바로 실행했다.

그는 자신에게 맞는 투자 방법을 선택해서 경매 투자를 했다. 여러 건의 부동산 물건을 낙찰받으면서 시간이 갈수록 경매 투자 기술을 익혔다. 나중에는 자신만의 노하우와 자유롭게 자본을 운영할 수 있는 능력까지 갖추게 되었다.

이후, 이경수 씨는 자금 확보에 성공하면서 대전에 있는 상가를 낙찰받았다. 시세 차익이 세금을 빼고도 대략 6,000만~7,000만 원으로, 보증금 2,000만 원에 월세 150만 원으로 임대를 주었다. 2년 만에 해낸 일이었다. 현재, 이경수 씨는 월급을 빼고도 250만 원이 넘는 월세를 받으며 여유롭게 살고 있으며 꾸준히 투자를 하고 있다.

경기도에 사는 30대 직장인 안재철 씨도 시세 차익이 몇백만 원 수준이어도 만족해하며 지속적으로 투자를 했다. 지역을 가리지 않고 전국의 물건을 찾았다. 특히 그는 월세 수요가 좋은 지방 물건을 공략했다. 그러다 광주에 있는 다가구 물건을 낙찰받아 여기에서만 200만 원이 넘는 월세를 받고 있다.

투자금이 적어도 좋은 투자를 할 수 있다. 단지 투자금이 적으면 물건을 고르는 데에 있어서 선택의 폭이 좁은 것일 뿐이다. 하지만 자신에게 맞는 물건은 얼마든지 있다. 때문에 실망하지 말고 자신에게 맞는 물건 검색을 하면 된다. 제대로만 한다면 좋은 물건의 부동산 소유권을 가지게 된다. 지금도 많은 수강생들이 경매 투자로 임차인이 아닌 건물주로, 임대인으로 살고 있다. 남들이 하는 것만 보고 있지 말자. 이제는 내가 부동산에 관심을 기울이고 직접 투자를 해야 한다. 그래야 인생이 달라진다.

믿고 행동하는 자는 무엇이든 이룰 수 있다

같은 조건과 환경에 놓였어도 부동산 투자를 한 사람과 안 한 사람의 미래는 확연히 차이난다. 시간이 지날수록 그 속도는 더 빨라지고, 생활환경 또한 엄청나게 달라진다. 부동산 투자를 한 사람은 직장생활을 더 즐겁게 하고, 미래에 대한 불안함도 사라지게 된다. 자연스레 돈에 대한 스트레스도 사라지게 된다. 금전적인 올가미에서만 벗어나도 삶은 한층 업그레이드가 되고 풍요로워진다. 항상 찡그리던 얼굴이 활짝 피게 되면서 행복은 저절로 넝쿨째 굴러온다. 이 책을 읽고 있는 당신도 그런 경험을 할 수 있길 응원한다.

누구나 평생직장을 다닐 수 없다. 나이가 들기도 전에 은퇴나 퇴직을 하게 되는 것이 요즘 시대다. 손 놓고 멍하니 되는 대로 살다가 한순간 정신이 번쩍 드는 날이 오게 될 것이다. 하지만 그제서야 후회한들 아무런 소용이 없다. 조금 가진 돈을 움켜잡고 전전긍긍하며 살아봤자 자신에게 남는 돈은 없다.

몇 푼 안 되는 돈을 지키겠다고 모아두지 말고 경매 투자로 가슴을 활짝 펴고 씩씩하게 살아가야 한다. 적은 돈이라도 굴리면 굴릴수록 커지게 된다. 이것이 경매의 매력이다. 돈이 많지 않아도 약간의 종잣돈과 열정과 노력, 실행력만 있으면 월세 부자가 될 수 있다. 지금도 우리 수강생들은 꾸준하게 투자를 하면서 부동산을 늘리고 즐겁게 살고 있다.

여러 재테크를 했는데 삶이 달라지지 않았다면 다른 선택을 해야 한다. 항상 같은 생각, 같은 행동으로는 나빠지면 더 나빠졌지 좋아지지 않는다. 다른 선택이란 미래를 위해서 더 나은 삶을 살 수 있는 행동을 해야 한다는 것이다. 내가 잠잘 때나 쉴 때에도 부동산이 알아서 돈을 벌어다 주는 파이프라인을 구축해야 한다. 경매 투자로 안정적인 수입원을 만들어야 월세 부자가 된다.

신세한탄만 하다가 세월을 허비할 것인지, 최고의 기회를 잡을 것인지는 스스로 결정해야 한다. 사람들은 기회가 와도 기회인지를 모르고 지나쳐 버린다. 그렇기 때문에 여전히 힘든 삶에서 벗어나지 못한다. '어떻게든 되겠지!'라는 생각을 버리고 어떻게 하면 부자로 살 수 있는지에 대한 발전적인 생각을 해야 한다. 당신도 월세 부자가 될 수 있다. 믿고 행동하는 자는 무엇이든 이룰 수 있다.

부동산 공부,
일찍 시작할수록 유리하다

'지금' 투자해야 돈을 벌 수 있다

어떤 사람은 지식을 쌓아서 투자를 하겠다며 몇 년 동안 부동산 공부에 매달린다. 물론 이론공부도 해야 하지만 투자에는 손도 대지 않으면 곤란하다. 이론공부와 실전 투자를 나누어서 생각하면 성공할 수 없다. 부동산 공부로 완벽하게 준비해서 투자를 해야 잘하는 투자일까? 절대 그렇지 않다. 사람들은 생각이 많아지면 불안해지고 실패할 확률만 따지다가 결국 아무것도 하지 못한다. 직접 투자를 하면서 이론적인 지식과 현장 경험을 병행해야 비로소 빛을 발한다. 앉아서 하는 공부는 말 그대로 공부만 하는 것이다.

사람들에게 이제 공부는 그만하고 투자를 하라고 하면 아직 제대로 몰라 투자를 할 수 없다고 한다. 직접 투자를 하기에는 두려움이 많은 것이다. 혹시 잘못된 투자로 돈을 잃어버리지는 않을까, 조심하고 또 조심하다 보니 세월만 보내게 된다. 결국 시간만 낭비하는 꼴이 되고 만다. 돈을 버는 사람들은 결단에 있어서 질질 끌지 않는다. 배움이 있으면 바로 적용해서 실행에 옮긴다.

자본주의 사회에서 부를 외면하고는 삶의 질을 보장받기 어렵다. 부자들은 경제적 자유를 추구하며 돈과 시간의 레버리지가 큰 자산에 투자한다. 그래서 부동산에 투자하는 것이다. 일을 그만두면 수입이 끊기는 노동력에 의존하지 않고 가만히 있어도 지속적으로 채워 주는 파이프라인을 만든다.

남편은 건강관리를 위해서 하루에 두 번 산책을 다닌다. 암 수술과 항암치료는 끝났지만 체력과 면역력을 강화시켜야 건강을 유지할 수 있기 때문에 4년째 꾸준히 운동하고 있다. 암은 한번 걸리면 아주 고통스럽다. 치료로 인한 고통도 있지만 언제, 어떻게 될지 모른다는 두려움과 싸워야 한다. 또한 직장생활을 할 수 없어 돈에 의한 압박감이 상당하다. 갑자기 수입이 끊기면 가정이 무너지는 것은 한순간이다. 치료는 고사하고 생활 자체가 어려워져 가정이 위기에 처하게 된다. 이러한 상황이니 환자는 몸뿐만 아니라 마음도 아프고 보호자도 잘해 주지 못해 고통스럽다.

며칠 전, 남편과 산책을 하고 있는데 어떤 부부가 부동산에 대해서 이야기를 하고 있었다. 한 사람이 "2억 5,000만 원이 올랐대!"라고 하니 다른 한 사람이 "나도 할걸!"이라며 속상해했다. 그리고 조금 벗어난 곳에서도 또 다른 40대 부부가 운동을 하면서 부동산 이야기를 하고 있었다. 요즘 사람들의 관심은 온통 부동산에 쏠려 있다. 정부에서 규제를 하고 압박을 해도 부동산이 아니면 서민들이 부자가 되기 힘든 게 현실이다.

사람들은 부동산 시장이 조금만 위축되어도 "끝물이다", "지금 투자하면 망해!", "가격이 계속 떨어질 테니까 기다리자."라고 한다. 또는 "앞으로 집이 남아돌아서 집 사면 안 돼!"라고도 한다. 하지만 이런 부정적인 말을 하는 사람들은 투자를 전혀 해보지 않은 사람들이다. 이런 생각을 하는 사람들과 어울려서 부동산에 대한 잘못된 말에 현혹되면 돈 버는 데 심히 어려움이 있다.

부동산값이 떨어져도 반드시 오르게 되어 있다. 부동산값이 한도 끝도 없이 폭락할 거라는 생각을 버려야 한다. 나라가 망하지 않는 이상, 그럴 일은 절대 없다. 부동산은 주기적인 패턴이 있다. 과거에도 지금도 부동산 시장이 과열되면 정부는 규제를 통해 균형을 맞추려고 한다. 또는 시장이 침체기에서 벗어나지 못하면 규제를 풀어 시장을 활성화시킨다. 이러한 과정에서 더 큰 돈을 버는 사람들과 후회하는 사람들이 생긴다. 부동산 시장은 순환한다는 것을 알아야 한다. 부동산 시장에서 돈을 벌 수 있는 시기는 언제나 '지금'이다. 투자에 대해 모르는 사람들 말에 현혹되지 말고 자신의 주관을 가지고 행동하자.

부동산 투자는 부자가 되기 위한 필수 과정이다

남편이 돈을 벌지 못한 지가 이제 3년이 넘었다. 하지만 위기를 잘 극복할 수 있었다. 부동산 투자를 해서 미리 준비를 했기 때문이다. 부동산에 대한 확신이 생기면 바로 행동으로 옮겨야 한다. 부동산은 내가 준비할 때까지 기다려 주지 않는다. 돌아서서 후회하지 않도록 부동산 투자를 하자.

부동산 투자는 꾸준하게 하는 것이다. 활황이든, 불황이든 돈 되는 물건은 언제나 있다. 오히려 불황일 때 부동산을 싸게 사서 활황일 때 더 큰 수익을 올리기도 한다. 부자들이 좋은 물건을 싸게 살 수 있는 기회를 얻을 때가 바로 불황이다. 보통 사람들이 움츠리고 있는 시장은 오히려 부자들에게 더 큰 돈을 벌게 해준다.

사람들 말에 휘둘리게 되면, 분명 '나도 그때 투자할걸…'이라며 자신을 자책하는 일이 생긴다. 더 이상 이런 시행착오를 겪지 말자. 투자시기를 놓쳐 버리는 순간, 돈을 버는 기회는 자꾸 멀어진다. 부동산에 대한 긍정적인 생각을 가지고 꾸준하게 검색하고, 권리 분석, 시세 조사, 수요와 공급을 파악해 입찰 가격을 정하자. 그리고 경매 기술을 배워 언제든지 원하는 물건을 낙찰받을 수 있도록 해야 한다. 이것을 이론적으로 배운다고 해결되는 것은 아니다. 적은 돈이라도 실전 투자를 해야 한다. 만약 부동산 한두 채에서 끝내지 않고 파이프라인을 구축하고 싶다면, 돈 버는 경매 기술을 자신의 것으로 만들어야 한다. 부동산을 보는 안목을 기르고 명도와 임대까지 한 사이클을 돌려 보면, 어느 순간 혼자서도 부동산을 늘리는 재미와 돈 버는 즐거움에 빠지게 될 것이다.

부동산 투자로 내 인생이 달라졌다

아이들 공부시키고 돈을 좀 더 모아서 투자를 해야겠다는 생각으로 부동산 투자를 미루지 말자. 부동산 투자는 부자가 되기 위한 필수 과정이다. 빨리 할수록 유리한 것이 부동산 투자다. 당신이 망설이고 있을 때, 누군가는 계속해서 돈을 벌고 경제적, 시간적 자유를 누리고 있다. 나 역시도 부동산으로 파이프라인을 구축했기 때문에 가족들과 행복하게 살아가고 있다.

세 번째 개인저서를 집필하는 이 순간, 나에게 또 다른 감사함이 밀려온다. 부동산 투자를 시작하지 않았다면, 지금의 삶을 살수 있었을까? 나는 '부동산 투자는 내 인생에서 가장 잘한 일'이라고 자부한다. 부동산은 나에게 많은 기회를 주었다. 가난에서 벗어나게 해 주었고 남에게 구속되지 않는 삶을 선물해 주었다. 나는 부동산을 통해 틀에 갇혀 있는 직장생활이 아닌 언제든지 내가 원하는 곳으로 돌아다닐 수 있는 자유를 얻었다. 이전과는 다르게 지금 나는 당당하고 행복한 엄마로 살아간다.

부동산은 내가 준비될 때까지 기다려 주지 않는다. 기회는 스스로 잡아야 한다. 지금 어떤 선택을 하느냐에 따라 당신의 인생이 바뀐다.

부동산은 부자가 될 수 있는 유일한 수단이라는 것을 잊지 말자. 이제는 가난한 마인드에서 벗어나야 한다. 명확한 목표를 가지고 도전하고 노력하는 사람에게 부의 기회가 주어질 것이다. 남들과 다른 부동산 마인드를 갖추는 것이 부자가 되는 첫걸음임을 명심하자!

나는 부동산 투자로
경제적 자유인이 되었다

초판 1쇄 인쇄 2019년 5월 24일
초판 1쇄 발행 2019년 5월 31일

지 은 이 **김은화**
펴 낸 이 **권동희**
펴 낸 곳 **위닝북스**
기   획 **김도사**
책임편집 **박고운**
디 자 인 **이혜원**
교정교열 **김진주**
마 케 팅 **강동혁**

출판등록 **제312-2012-000040호**
주   소 **경기도 성남시 분당구 백현로97 다운타운 2층 201호**
전   화 **070-4024-7286**
이 메 일 **no1_winningbooks@naver.com**
홈페이지 **www.wbooks.co.kr**

ⓒ위닝북스(저자와 맺은 특약에 따라 검인을 생략합니다)
ISBN 979-11-6415-020-5 (13320)

이 도서의 국립중앙도서관 출판도서목록(CIP)은 서지정보유통지원시스템
홈페이지(http://seoji.nl.go.kr)와 국가자료공동목록시스템(http://www.nl.go.
kr/kolisnet)에서 이용하실 수 있습니다.(CIP제어번호: CIP2019017921)

위닝북스는 독자 여러분의 책에 관한 아이디어와 원고 투고를 설레는
마음으로 기다리고 있습니다. 책으로 엮기를 원하는 아이디어가 있으신 분은
이메일 no1_winningbooks@naver.com으로 간단한 개요와 취지, 연락
처 등을 보내주세요. 망설이지 말고 문을 두드리세요. 꿈이 이루어집니다.

※ 책값은 뒤표지에 있습니다.
※ 잘못 만들어진 책은 구입하신 서점에서 교환해 드립니다.